Die Reden sind Hegel, Marx und der
Frankfurter Schule verpflichtet.

Zum Autor:

Wilhelm Reichart, M.A., studierte Philosophie, Germanistik und
Soziologie. Er arbeitet heute als Buchhändler in Heidelberg, wo er seit
2011 auch eine Philosophische Praxis führt. Klienten der Philosophischen Praxis erhalten in individuellen Gesprächsformaten eine
Hinführung zu philosophischem Denken, Lebensberatung und
Supervision. Der Autor ist Mitglied der Internationalen Gesellschaft
für Philosophische Praxis (IGPP) und hält regelmäßig Vorträge am
Deutsch-Amerikanischen Institut in Heidelberg. Bei BoD ist von ihm
bereits der Erzählband Lebensspiel erschienen.

Wilhelm Reichart

VOM FREIEN MENSCHEN
Fünf philosophische Reden

Bibliografische Information der Deutschen Nationalbibliothek: Die
Deutsche Nationalbibliothek verzeichnet diese Publikation in der
Deutschen Nationalbibliografie; detaillierte bibliografische Daten sind
im Internet über dnb.dnb.de abrufbar.

Herstellung und Verlag: BoD – Books on Demand, Norderstedt
Lektorat: Susanne Jung, KlartextBüro, Heidelberg
Gestaltung: KontextKommunikation, Heidelberg & Berlin

ISBN 978-3-7528-5488-6

VORREDE

Freiheit ist die Bedingung der Möglichkeit von Befreiung. Befreiung ist die Wirklichwerdung von Freiheit. Indem der Mensch sich befreit, setzt er sich in Freiheit. Das Sichbefreien ist ein Akt der Selbstbildung. Indem der Mensch sich selbst bildet, findet er sein Selbst und befreit sich zu ihm. Sich zum freien Selbst zu bilden ist die geistige Aufgabe des Menschen, zweckrationales Handeln gewährleistet ihre materielle Grundlage. Wo das Verhältnis sich verkehrt, entsteht Repression.

Gegenwärtig eskaliert diese Verkehrung in Form der dem heutigen Leistungsprinzip innewohnenden Eigenrepression. Die alle Lebensbereiche durchdringende Zweckrationalisierung erlaubt kein Geistiges, das ihr nicht zu Diensten ist. Sie instrumentalisiert jegliche Bildungsanstrengung als ihr Mittel und untergräbt damit deren freiheitlichen Ursprung. Zweckrationalität pervertiert zum eigenen Zweck.

Für die Betroffenen stellt die dem Leistungsprinzip immanente Eigenrepression eine unerträgliche Last dar. Um ihr zu entgehen, transformieren sie Eigenrepression in Fremdrepression. Deren Verursacher sind von den nationalistischen Wellenreitern schnell ausgemacht. Es sind eben die Anderen, die Fremden, ihnen wird die eigene Repression aufgebürdet und damit als Fremdrepression kuvriert. Wie ist diesem verhängnisvollen Repressionszusammenhang zu entkommen? Die Freiheit bedarf ihrer Verteidiger!

Vorrede

Der Repressionszusammenhang muss dekuvriert werden. Jeder Einzelne, gleich welcher soziokulturellen Schicht er angehört, muss dazu aufgefordert und darin unterstützt werden, seinen Bildungsprozess anzunehmen und auf sich zu nehmen.

Denn nur wer sich selbst bildet, begreift die Verunsicherung durch den Anderen als dialektischen Bestandteil seines Bildungsprozesses. Die Herrschaft der Zweckrationalität muss fallen. Es muss ein Raum jenseits des Rein-Nützlichen geöffnet werden. Die Verteidigung der Freiheit tritt in eine neue Phase.

Philosophie wird politisch.

DIE GEISTIGE KRISE EUROPAS

ERSTE REDE

Die Klage, die europäischen Gesellschaften seien einer fortschreitenden Intelligenzauflösung anheim gefallen, ist, der Permanenz ihrer Äußerung zum Trotz, nicht minder berechtigt. Bezeugt wird dieses beunruhigende Phänomen nicht nur durch zahlreiche Veröffentlichungen, selbst diejenigen, denen des Aufhebens zu viel, tun sich schwer damit, seine Brisanz herunterzuspielen. Auch wenn Kulturpessimist beinahe schon zum Schimpfwort avanciert ist, bleibt, sieht man einmal von dieser leichtfertigen Verunglimpfung ab, ein großes Unbehagen. Verantwortlich für das Unbehagen zeichnet jedoch nicht allein das Phänomen selbst, in erheblichem Maße sind es auch die Begründungszusammenhänge, die zu seiner Erklärung herangezogen werden und die in der Öffentlichkeit den Ton angeben. Mit beträchtlichem Aufwand wird dabei teilweise zu Werke gegangen.

Der Aufwand ist politischer Natur, das Unbehagen kultureller. Die eminenten Anstrengungsversuche, die nationalistisch ausgerichtete Gruppierungen oder auch Einzelpersonen auf sich nehmen, um dem kulturellen Unbehagen eine Entstehungsgeschichte abzuringen, verraten unverhohlen ihre Absicht, aus ihm politisches Kapital zu schlagen. Dem Aufwand zum Trotz fällt ihre Antwort simpel aus. Sie sehen die nationale Identität ihrer Länder bedroht durch eine permanente Zuwanderung aus nichteuropäischen Ländern. Da deren Kulturniveau von ihnen grundsätzlich niedriger eingestuft wird als das eigene, besteht in ihren Augen die Gefahr des nationalen Niedergangs. Diese mit dem Begriff der Überfremdung bezeichnete Entwicklung erzeugt nach ihrer Auffassung das alle gesellschaftlichen Schichten durchdringende Unbehagen.

Die Überfremdung wiederum basiere auf zwei Faktoren: einer Vermischung des Erbguts und einem soziokulturellen Einfluss. Für den Niedergang nationaler Intelligenz lassen sich also in der rechtskonservativ ausgerichteten Argumentation zwei Ausgangspunkte sichtbar machen: auf der einen Seite ist es ein naturwissenschaftlicher, auf der anderen Seite ist es ein soziokultureller. Da beide dazu dienen, die Intelligenz der Zugewanderten als untergeordnet zu diffamieren, soll ihre Stichhaltigkeit zunächst etwas näher betrachtet werden.

Der naturwissenschaftliche Ausgangspunkt stützt sich in erster Linie auf die Vererbungstheorie, wobei bedauerlicherweise festgestellt werden muss, dass die jüngst angeführten Theorien keineswegs dem neuesten Stand der Genforschung Rechnung tragen, sondern vielmehr auf deren Anfänge rekurrieren.

Die Annahme, Intelligenz sei in vollem Umfang vererbbar, hat sich als überholt erwiesen, was ihrer Verbreitung aber nicht den nötigen Abbruch getan hat. Von enormer Bedeutung, so hat sich gezeigt, sind nicht allein die Gene, die in ihrer Kombination Intelligenz erzeugen, und allenfalls als Grundlage betrachtet werden können, es ist vielmehr die Aktivierung dieser Gene, die einen erheblichen Anteil daran trägt, sie selbst und ihre Kombination auch wirksam werden zu lassen. Nun ist es zwar durchaus möglich, dass auch diese Aktivierung weitervererbt wird, doch kann es bei unzureichender Inanspruchnahme leicht auch zum Gegenteil, nämlich zu einer Deaktivierung, kommen und somit zu einem Ausfall der Vererbung.

Dieser epigenetischen Erkenntnis gesellt sich eine weitere naturwissenschaftliche hinzu. Im Fachjargon spricht man von der neuronalen Plastizität des Gehirns. Auch jene ist nicht Ergebnis einer geglückten Vererbung, sondern entspringt vielmehr harter Arbeit in der frühkindlichen Entwicklungsphase. Nur durch intensiv entgegengebrachte Aufmerksamkeit und abwechslungsreiche Förderung der kindlichen Neugierde erreicht die synaptische Vernetzung des Gehirns in späteren Jahren jene Dichte und Komplexität, die als neuronale Grundlage von Intelligenz infrage kommt. Doch auf ein Zurücklehnen im Erwachsenenalter sollte tunlichst verzichtet werden. Denn die synaptische Vernetzung ist auch noch in fortgeschrittenen Jahren ausbaufähig, was jedoch nur ihre permanente Inanspruchnahme garantieren kann.

Nun ist die Forschung auf den Gebieten der Epigenetik und Neurobiologie verhältnismäßig frisch und neu und somit eine Teilrevision ihres jetzigen Wissensstandes nicht gänzlich ausgeschlossen. Doch sollten sich die Erkenntnisse als haltbar erweisen, würde sich dies sicherlich auf die Forschungsmethoden jener Fächer auswirken, die sich bis dato als zuständig für die Intelligenzforschung betrachtet haben. Eine ultimative Klarstellung, was es mit dem Entstehen von Intelligenz auf sich hat, ist deshalb vorerst zu vermeiden, will man nicht Gefahr laufen, mangelnder Intelligenz geziehen zu werden oder beabsichtigter Unredlichkeit.

An dieser Stelle wollen wir ein Gedankenspiel spielen. Nehmen wir an, die Revision der aktuellen epigenetischen und neurobiologischen Erkenntnisse tritt in vollem Umfang ein und die althergebrachte Vererbungstheorie erfreut sich allenthalben einer Rehabilitation. Welche Konsequenzen lassen sich dann auffinden? Der durch unzureichende Vererbung mit weniger Intelligenz Ausgestattete wäre mit dieser Bürde ja völlig unverschuldet versehen worden. Keinerlei Willensanstrengung, weder eigene noch fremde, so eminent sie auch sein möge, könnte ihn davon entlasten. Und neben dieser Bürde müsste er es sich noch gefallen lassen, das Stigma des Bildungsproleten verliehen zu bekommen. Indes, von erfrischender Ironie der Fehlglaube, durch Stigmatisierung anderer des eigenen Stigmas sich entledigen zu können.

Wir wollen das bisher Gesagte wie folgt resümieren: Aufgrund neuester wissenschaftlicher Erkenntnisse ist Intelligenz nur partiell eine Angelegenheit der richtigen

Genübertragung, partiell ist sie auch eine Angelegenheit der richtigen Genaktivierung und der Erstellung optimaler neuronaler Plastizität. Sowohl die Genaktivierung als auch die Ausbildung leistungsfähiger neuronaler Plastizität geschehen von außerhalb. Intelligenz ist also auch maßgeblich eine Angelegenheit der sozialen Umwelt.

Und somit sind wir angelangt am zweiten Ausgangspunkt nationalistisch geprägter Argumentation, die den öffentlichen Diskurs auf so extrem negative Weise beherrscht: dem soziokulturellen. Der Übersichtlichkeit halber wollen wir unterscheiden zwischen den soziomorphen Einflussquellen der frühkindlichen Entwicklung und den kulturellen. Wobei uns wohl bewusst ist, dass beide auf das Engste miteinander verquickt sind.

Die unbestreitbar herausragendste Einflussnahme auf das Kind geht wohl von seinen Eltern aus. Sie prägen als erste Bezugspersonen die Entwicklung des Babys und Kleinkindes, und diese Prägung ist grundlegend und nachhaltig. An zweiter Stelle rangieren die Lehrinstitutionen vom Kindergarten aufwärts bis zur Universität. Die von ihnen ausgehende Einflussnahme auf die Heranwachsenden ist weniger emotional, intellektuell aber sicherlich ausdifferenzierter. Der Lernprozess des Menschen kann folglich als niemals abgeschlossen betrachtet werden und sein Voranschreiten manifestiert sich auch beständig in neuronaler Weise im Gehirn, wobei sich die synaptischen Neuverknüpfungen und Entknüpfungen mit zunehmendem Alter immer schwerer anlassen.

Wie erfolgreich der Lernprozess vorankommt, beruht also maßgeblich auf dem jeweiligen Milieu, in dem der Einzelne sich bewegt. Doch dieses wiederum ist abhängig, und hiermit sind wir beim zweiten Teilaspekt, vom jeweiligen kulturellen Hintergrund.

Folglich gilt es, die Frage nach der Kultur zu stellen und dies umso dringlicher, da es ein Gebot der Stunde ist, vehement einer Hierarchisierung der Kulturen entgegenzutreten, die von rechtskonservativen Gesellschaftskreisen heraufbeschworen wurde und die in einem zunehmenden Maße die politische Landschaft vergiftet.

Doch muss leider auch konstatiert werden, dass Hierarchisierung nicht nur als Vergiftungserscheinung unter den Kulturen auftritt, sondern in sich falsch verstehenden Kulturen von jeher auch immanente Etablierungsfähigkeit besitzt.

Wenn wir hier die Frage nach der Kultur stellen, so wird es die europäische der Neuzeit sein. Nicht, weil dies ihre Leitfunktion innerhalb der anderen Kulturen demonstrieren soll. – Eine Kultur, die sich als übergeordnet geriert, hat ihre Entwicklungsmöglichkeiten immer schon eingebüßt. – Vielmehr lässt sich anhand der europäischen Kultur der Neuzeit paradigmatisch aufzeigen, worin die existentiellen Gründe für das große Unbehagen des heutigen Menschen zu suchen sind und welche Strategien er entwickelt hat, um es auch nur halbwegs zu kompensieren. Ebendeshalb wird aus ihr auch die Philosophie herausgegriffen.

Wann also beginnt philosophiegeschichtlich die Neuzeit? Ohne lexikalische Rückversicherung lassen wir sie mit Descartes beginnen. Dessen zentrale Aussage: Der Mensch vergewissert sich seiner selbst im Reflexionsakt über sich selbst, er wird zum modernen Subjekt. Das Problem: Alles gerät ihm zu Bewusstseinsinhalten, die reale Außenwelt wird zur fremden Innenwelt. Eine Folge: der unheilvolle Dualismus von materieller Außenwelt und geistiger Innenwelt, und eine zweite, vielleicht noch gravierendere Folge: Die Identitätswahrnehmung des modernen Subjekts wird unbeständig. Denn nur, wenn das Subjekt denkt bzw. sich beim Denken jeweils mit dazu denkt, existiert es. Das ist keineswegs ein rein empirisch-psychologisches Problem, das ist ein strukturelles Problem des Subjekts, dessen es sich im empirischen Reflexionsakt bewusst wird.

Descartes theologische Lösung, den guten Gott als Garanten der Außenwelt und der eigenen Identitätskontinuität elnzusetzen, mutet mehr ratlos als antiquiert an. Die Reaktion des modernen Menschen war nicht nur eine Flucht vor diesen beiden Problemen, sondern eine Flucht vor Problemen der metaphysischen Art überhaupt. Wohin floh er? Wenn man geneigt ist, metaphysische Probleme der destruktiven Spekulation zuzurechnen, so floh er auf ein Gebiet, das ihm festen Boden unter den Füßen versprach. Er floh in die Ökonomie.

Fortan galten die Herstellung, die Verteilung und der Verbrauch von Produkten als das Nonplusultra, der drohenden Identitätsdiffusion des Subjekts entgegenzuwirken. Materielle Güter und ihre Produktion haben gegenüber metaphysischer Spekulation den Vorteil ihrer scheinbar unhinterfragbaren Nützlichkeit, dienen sie doch auf fundamentale Weise der physischen Existenzsicherung.

Mit dem Primat der produktiven Existenzsicherung ging jedoch eine Spaltung der Vernunft einher, die bis heute ihre verhängnisvolle Wirkung zeigt: Die Vernunft driftete auseinander, und zwar in einen instrumentellen und in einen ideellen Part. Der ideelle Part verlor sukzessive an Bedeutung, da seine auch nur teilweise erfolgte Revision ein erneutes Aufkommen verunsichernder und gefährdender Spekulationen zur Folge gehabt hätte. Doch der beabsichtigte Befreiungsschlag entpuppte sich, heute mehr denn je, als illusionärer Fehlschlag. Unter der Ägide der instrumentellen Vernunft und getrieben von der Furcht vor einem Rückfall in metaphysische Spekulationen mutiert das der Produktion innewohnende Leistungsprinzip zum die Existenz sichernden Realitätsprinzip. Eine fatale Mutation. Umso fataler, da sie von weiterer Seite fulminanten Vorschub erhält. Sowohl das Produkt als auch der Produktionsprozess verweisen auf die Herrschaft des Technischen über die Natur, und je mehr Technik in beiden steckt, so möchte man sagen, desto mehr Herrschaft versprechen sie. Das Herrschaftsversprechen ist zudem der beste Beweis für die Realität einer Außenwelt. Denn Herrschaft gilt immer einem zu Beherrschenden, einem Außen, einem vom Subjekt Verschiedenen. Indem der Mensch die Technik benutzt, kommuniziert er mit der Technik, indem er mit der Technik kommuniziert, kommuniziert er mit seiner instrumentellen Vernunft, und indem er mit seiner instrumentellen Vernunft kommuniziert, vergewissert er sich seiner Verfügungsgewalt über die als ein Außen wahrgenommene Natur. Der technische Mensch demonstriert sich selbst seine Lebenstüchtigkeit.

Diese Selbstvergewisserung hat aber noch ein weiteres, nicht minder bedeutungsvolles Fundament. Im Technischen und dem Umgang mit ihm spiegelt sich die den modernen Menschen definierende Vernunft auch losgelöst von ihrer Funktion der physischen Existenzsicherung wider.

Der Mensch erfährt sich als vernünftig, jedoch einzig und allein als instrumentell vernünftig. Die ideelle Vernunft wird in ihrer Bedeutung marginalisiert. Der Mangel, der dieser Vereinseitigung anhaftet, richtet sich gegen die Menschen selbst. Im erbitterten Widerstreit versuchen sie, ihn zu kompensieren. Dabei schreibt der moderne

Mensch sein Gefühl des ideellen Mangels nicht der Vereinseitigung seiner Vernunft zu, als vielmehr der dauerhaften Konfrontation mit ihm fremden Kulturen. Diese werden als Sündenböcke instrumentalisiert und für seine kompensatorische Hilflosigkeit verantwortlich gemacht.

Austragungsmittel, die sich für den kräftezehrenden Konkurrenzkampf als geeignet erweisen, sind gefragt. Deren beachtliche Palette kaschiert ihre Gleichförmigkeit nur notdürftig. Die Gleichförmigkeit verdankt sich dem unbedingten Wunsch nach Ichvergrößerung. Um jene zu erreichen, lassen sich bei näherem Hinschauen sechs Tendenzen identifizieren.

Die materielle Ichvergrößerung: der Konsum
Sich eine Vielzahl von Produkten anzueignen und sich mit ihnen zu umgeben, hat die Absicht der sukzessiven Ausdehnung der eigenen Person im Verhältnis zu den Anderen. Gipfel dieses Konkurrenzverhaltens ist eine bis ins Aberwitzige gesteigerte Vermögensanhäufung. Da Vermögen nichts anderes bedeutet als potentieller Produktbesitz respektive potentielle Produktnutzung, dokumentiert solch ein Vermögen eine nahezu unbegrenzte materielle Ichvergrößerung. Nur wenigen rigorosen Ökonomisten oder Finanzhasardeuren ist dies möglich, die Anderen sehen sich gezwungen, einen Ausweg aus diesem Dilemma zu suchen. Die Etablierung von Marken bietet ihn.

Die Marke weise weit über die pure Materialität ihres Produkts hinaus, so das Versprechen. Diese suggerierte Teilhabe an einem immateriellen Reich verleiht ihr den Nimbus des „Mehr als Nützlichen". Offeriert wird dieses Versprechen von einer Werbung, die selbst bestrebt ist, dieses Mehr zu erreichen. Indes, der Versuch der Werbung, Kunst zu sein, wird regelmäßig mit dem Pech bestraft, als Design zu enden. Aber nicht nur die materielle Ichvergrößerung birgt Gefahren in sich. Auch die weiteren scheinen gegen Missbrauch nicht gefeit zu sein.

Die intellektuelle Ichvergrößerung: die Lehrinstitutionen
Geprägt vom akademischen Wissenselitismus, verfahren die Lehranstalten nach dem Motto: Das Volk ernährt seine Belehrer. Diejenigen, die sich redlich bemühen, geraten unter die Mühlsteine eines Ausbildungsapparates, der als Nonplusultra den universitären Fleißgedanken proklamiert.

Die religiöse Ichvergrößerung: die christlichen Kirchen
Der von den Kirchen inszenierte Gott fungierte seit jeher als deren Machtstabilisator, gleichwohl verband er den Menschen mit der Transzendenz, ja er galt als ihr unverbrüchliches Synonym. Dann kam die Aufklärung und ordnete Gott der Vernunft unter. Dieser Herabstufung Paroli zu bieten, haben die Kirchen sträflich vernachlässigt. Im Gegenteil, aus Furcht an Macht einzubüßen, setz-

ten sie immer mehr auf deren klerikale Ausübung, was in ihren gegenwärtigen Selbstdiskreditierungen erneut einen schamvollen Höhepunkt gefunden hat.

Die politische Ichvergrößerung: die Volksvertreter

Für andere verantwortlich zu entscheiden, beinhaltet eine Zurücknahme der eigenen Interessen. Eben diese Zurücknahme wird zum Ansporn für den Politiker. Die Interessen von vielen werden zu seinen eigenen Interessen. Machtmissbrauch ist dann zu befürchten, wenn dieses Verhältnis sich umkehrt. Dem entgegenzuwirken setzt ein Politikverständnis voraus, das auch vor visionären Gesellschaftsmodellen nicht zurückschreckt.

Die personale Ichvergrößerung: die sozialen Foren der Selbstbestätigung

Der Versuch, Bestätigung durch die Anderen zu erreichen, nimmt immer bizarrere Formen an. Vermeintlich optimierendes Körperdesigning, verabreicht in eigens dafür eingerichteten Beauty-Fabriken, ist dafür ebenso exemplarisch wie die exhibitionistische Selbstdarstellung in diversen Casting-Shows. Als weniger exotisch kann man die digitalen Netzwerke sehen, wo ohne Unterlass Pseudofreundschaften mit tausende von Meilen entfernten Netzgenossen hergestellt werden. Zentriert aber wird die personale Bestätigung im Bereich der Arbeit. Diejenigen werden umfassend bestätigt, die sich durch kruden Ökonomismus oder überhitzten Lehreifer in Szene setzen und angeben, das Fortschreiten der zivilisatorischen Evolution zu garantieren.

Die kreative Ichvergrößerung: die Kunstindustrie
Dass Kunst heutzutage industrialisiert wird, ist abzulesen an den Versteigerungsorgien der internationalen Auktionshäuser. Kunstwerke werden gehandelt als Waren. Die Summen, die geboten werden, versuchen der Einzigartigkeit, die Kunst von jeher umgibt, gerecht zu werden. Je exorbitanter die Summe, so ist festzustellen, desto vergeblicher der Versuch. Mit ins Bild passt dabei das stetige Betonen des Werkstatthaften, dem Kunst ihre Entstehung verdankt. „Kunst machen" ist heute das Credo, wobei die Formulierung „Kunst produzieren" tunlichst vermieden wird.

Wie ist diesen Tendenzen zu entrinnen? Die Naturwissenschaften versprechen Abhilfe. Vom geheimen Wunsch eines evolutionären Sprungs beseelt, versuchen die Biowissenschaften die Korrektur. Der Wunsch wird gespeist aus der Befürchtung, durch langwierige evolutionäre Prozesse verbliebe nicht genügend Zeit, den Menschen von seiner Selbsteliminierung abzuhalten. Denn so die Vermutung: All die aufgeführten Tendenzen beruhen auf dem genetisch bedingten Herrschaftsanspruch des Menschen der Natur und den Mitmenschen gegenüber und führen deshalb unweigerlich in den terrestrischen Kollaps.

Zwei Auswege ergeben sich: die extraterrestrische Kolonialisierung oder der evolutionäre Sprung.

Die Biowissenschaft erklärt, sie kenne die probaten Mittel, um den zweiten Weg erfolgreich zu beschreiten. Vermutlich ist es nicht einmal notwendig, dass sie sich für dieses Vorhaben aus dem Klammergriff der ökonomischen Nutzanwendung löst, ganz im Gegenteil, dieser scheint ihrem Vorhaben eher förderlich. Es geht also um nichts weniger als um eine Neukonzeption des Menschen.

Drei Verfahrensweisen zeichnen sich ab: a) die biochemische, b) die gentechnische, c) die neuroimplantive. Angestrebtes Resultat dieser drei Verfahrensweisen ist der von der menschlichen Freiheit befreite Gehirnmensch, der von nun an alleiniger Steuermann seiner Evolution sein kann. Der zeitraubende Prozess der Menschenzüchtung wird damit obsolet. Der posthumane Mensch wird produziert. Nur einem dem bürgerlichen Menschenbild Verhafteten erscheint diese Vorstellung horribel, so das knappe Statement hoffärtiger Neurotechnizisten.

Welche Bedingungen lassen sich für diesen Experimentalsprung aufzeigen? Die einem nach wie vor naiven Positivismus verpflichtete Biowissenschaft muss angeben können, welcher Sprung als gelungen anzusehen ist. Dies setzt allerdings eine Zielvorstellung voraus, festgelegt von dem zu überspringenden Menschen. Ein Zirkelschluss ist zu vermuten. Einen weiteren Weg bietet ein zielloses Herumexperimentieren. Gefahr ergibt sich dabei aus der Möglichkeit, dass der per Zufall gefundene posthumane Mensch seinem subalternen Vorgänger das Existenzrecht abspricht. Als Folge dieses von demiurgischen Allmachtsfantasien geleiteten Wissenschaftsdünkels sehen wir die indirekte Selbsteliminierung des Menschen – eine nachgerade unerfreuliche Aussicht für die Zukunft.

Wo Industriegesellschaft ist, soll Kulturgemeinschaft werden. Es soll nicht gelten, die Welt verfügbar zu machen, es soll gelten, der Welt gewahr zu werden, den Vorwurf dabei fest im Blick, diese Haltung sei nur ein Zeichen für mangelhaften Tatendrang. Der Mensch ist vorrangig ein geistiges Wesen, all sein Handeln steht im Dienste dieser Vorrangigkeit, und Kultur, aus ihrem Ursprung heraus gedacht, manifestiert dieses Handeln als transzendierende Pflege eines wahrhaft geistigen Menschentums.

AUFBRUCH IN DIE NEOMODERNE?

ZWEITE REDE

Wenn Spurensuche beansprucht, eine philosophische zu sein, so hat sie nach den Bestimmungsmerkmalen desjenigen Ausschau zu halten, auf dessen Finden sie es abgesehen hat. Unser Finden gilt dem neomodernen Menschen. Was also sind die Bestimmungsmerkmale des neomodernen Menschen? An dieser Stelle wollen wir uns nicht scheuen, eine historische Hilfestellung in Anspruch zu nehmen. Diese besteht darin, dass, bevor geklärt werden kann, ob es zulässig ist den heutigen Menschen als neomodern zu bestimmen, geklärt werden muss, was das Moderne am gestrigen Menschen gewesen ist.

Übersetzt man modern mit neuzeitlich, so müssen wir demnach unser Augenmerk auf die Wende vom 15. zum 16. Jahrhundert lenken, welche den Beginn der Neuzeit, auch philosophiegeschichtlich, markiert. Nicht unterschlagen werden sollen dabei die Vorreiter dieser Epochenwende: die Renaissance und der Humanismus. Deren wichtige Vorreiterrolle sei erwähnt, um der Gefahr der akademischen Unredlichkeit gezogen zu werden, von vornherein aus dem Wege zu gehen. Als philosophischen Kulminationspunkt der beginnenden Neuzeit wollen wir Descartes' *Meditationen* herausgreifen. Ob dieser Griff als zutreffend oder als unzulänglich anzusehen ist, soll die folgende Untersuchung erweisen.

René Descartes, französischer Philosoph, Mathematiker und Naturwissenschaftler, lebte von 1596 bis

1650. Diese biographischen Angaben sollen an dieser Stelle genügen. Wenden wir uns nun seiner Philosophie zu, deren Kerngedanken in seiner kleinen Schrift *Meditationen (Meditationes de prima philosophia)* zu finden sind.

Die Meditationen beginnen mit dem Zweifel an all jenen Dingen, die gewöhnlich als gewiss angesehen werden. So zieht Descartes, der sich während seiner Überlegungen in seinem Kaminzimmer befindet, die Gegenstände, die ihn umgeben, nicht nur hinsichtlich ihrer korrekten Erscheinung, sondern auch hinsichtlich ihrer tatsächlichen Existenz in Zweifel. Dieser anfängliche Zweifel wird schließlich zum methodischen Vorgehen ausgebaut und in zunehmendem Maße radikalisiert.

Es gilt den Archimedischen Punkt aufzufinden, der sicher und unumstößlich ist, und der Gewissheit und Wahrheit verbürgt. Um abermals den methodischen Zweifel zu steigern, führt Descartes einen Täuscher-Gott ein, den er als eminent bösartig postuliert, und der es darauf abgesehen hat, die Menschen permanent in die Irre zu führen. Nicht nur gaukelt er den menschlichen Sinnen Erscheinungen vor, die in keinerlei Übereinstimmung mit der tatsächlichen Beschaffenheit der Außenwelt stehen, auch das menschliche Beurteilungsvermögen beeinflusst er enorm negativ. So wird selbst die Mathematik, die es ja mit keinerlei äußeren Erscheinungen zu tun hat, in ihrer Aussagerichtigkeit angezweifelt. Deren bis dahin als ultimativ korrekt angesehen Axiome werden in den Strudel des methodischen Zweifels mit hineingezogen. Alles Chimären, alles Lug und Trug, so das von Descartes konstatierte Ergebnis. Wie ist diesem auf die Spitze getriebenen Zweifel zu entkommen?

Die zweite Meditation bringt Aufschluss. Der drastisch provokante Zweifel, der selbst vor der Infragestellung der eigenen Existenz nicht halt macht, wird in der zweiten Meditation an einen Punkt gebracht, der Descartes zum Begründer der neuzeitlichen Philosophie werden ließ. Zu Beginn der zweiten Meditation wird nochmals der Standpunkt des vor nichts haltmachenden Zweifels angenommen. Der betrügerische Gott lässt den Menschen an allen Dingen zweifeln. Nun aber kommt der Zweifel zum Stehen: Wenn der Mensch an allen Dingen, selbst an seiner eigenen Existenz, zweifelt, so kann dieser Zweifel nur seine physische Existenz betreffen, nicht jedoch seine geistige. Da das Zweifeln ein denkerischer Akt ist, muss das Ich denken, um eben daran zweifeln zu können, dass es denkt. Im Satz: *ich denke, also bin ich* – sind die Vorstellung dieses Satzes und die Erkenntnis der Gültigkeit dieses Satzes im Bewusstwerden von beiden identisch. Jedoch nicht empirisch identisch, sondern als Gültigkeitsanspruch in der Reflexion über beides: Wenn das Ich denkt, muss es zum Zeitpunkt des Denkens denkend existieren, nicht jedoch physisch. Ich existiere denkend ist wahr, sobald ich es denke bzw.

ausspreche. Dieser Satz wird nicht durch eine Erfahrung verifiziert, sondern sein Wahrheitsgehalt, seine Gültigkeit wird reflexiv vom Ich erkannt.

Im Ich fallen Subjekt, das denkende Ich, und Objekt, das gedachte Ich, im empirischen Vollzug des *Ich denke* zusammen. Sie werden beide vom Ich als identisch gesetzt. Die Selbstevidenz, die sich im empirischen Reflexionsakt über sich selbst ereignet, ist reflexiv nicht mehr einholbar. Die Selbstevidenz ist der Angelpunkt der Moderne, der in seiner Klarheit und Deutlichkeit das Kriterium für Wahrheit vorgibt. Empirisch ist der Reflexionsakt, nicht jedoch die Geltung seines Inhalts. Empirisch bedeutet räumlich und auch zeitlich. So wäre Selbstidentität nur zum Preis der andauernden Selbstreflexion zu erlangen. Da dies nicht möglich ist, sind andere Faktoren zur Identitätsstabilisierung des modernen Menschen gefragt.

Der christliche Gott, von Descartes ins Feld geführt, scheidet aus, da seine Existenz durch die Aufklärung grundlegend in Frage gestellt worden ist. Die Ökonomie, seit Beginn der Neuzeit in immer größerem Maße zur Stabilisierung des Individuums eingesetzt, entlarvt sich heute mehr denn je als illusionäre Fehlbesetzung. Der Technik, schon über Jahrhunderte enge Weggenossin der Ökonomie, widerfährt ein vergleichbares Schicksal. Die Unfähigkeit von Religion, Ökonomie und Technik, die Identität des modernen Menschen zu gewährleisten, zeigt heutzutage ihre fatale Auswirkung: Die Individualität der heutigen Menschen ist einer zunehmenden Zerfaserung und Fragmentierung ausgesetzt.

Und hier sind wir angelangt bei einem der beiden Probleme, die dem heutigen Menschen von der Moderne vererbt wurden: Es ist die Brüchigkeit seiner Identität. Hand in Hand mit diesem Problem geht das zweite, von der Moderne auf den heutigen Menschen vererbte Problem. Selbstreflexion ist nicht nur diskontinuierlich, sie ist auch ausschließlich introspektiv. Auf diese Weise gerät die Außenwelt dem modernen Subjekt immer mehr zu einer von ihm selbst konstruierten Innenwelt. Der Zugang zu einer von ihm unabhängigen, realen Außenwelt bleibt ihm versperrt.

Descartes' Philosophie hat zwei schwerwiegende Probleme auf den heutigen Menschen vererbt: Die Brüchigkeit seiner Identität und sein Abgetrenntsein von einer real existierenden Außenwelt.

Doch darf der heutige Mensch guten Mutes sein, rettende Hilfe wird ihm in Aussicht gestellt: naturwissenschaftlich von der Gehirnforschung und philosophisch von der immer noch aktuellen Postmoderne. Wenden wir uns zunächst der neurowissenschaftlichen Hilfeleistung zu. Ob diese tatsächlich rettenden Charakter aufweist, scheint höchst fragwürdig, denn sie geht sehr rigoros zu Werke. Die Neurowissenschaft erklärt die Identität des Menschen kurzerhand zum psychischen Bestandteil seines Bewusstseins. Dieses wiederum hat sich in einem von der Evolution gesteuerten Prozess Schritt für Schritt herausgebildet. Das menschliche Bewusstsein stellt die flexibelste und leistungsstärkste Anpassung an die Umwelt dar und gilt als hervorstechendes Überlegenheitsmerkmal des Menschen gegenüber anderen Spezies. Verortet im Gehirn des Menschen reagiert das Bewusstsein mittels seiner Vorstellungsfähigkeit hervorragend auf die sich ständig verändernden äußeren Gegebenheiten. Die Neurowissenschaft interpretiert das Bewusstsein als hocheffizientes Programm der Informationsverarbeitung. Mit Hilfe ausgefeilter bildgebender Verfahren kann diese Verarbeitung auf dem Computerdisplay farbig und auch in Aktion dargestellt werden. Die Parallelität des neurophysiologischen Vorgangs im Gehirn und seiner inhaltlichen Bedeutung wird dabei stillschweigend vorausgesetzt. Frappierend wird diese Sichtweise anhand des Problems des freien Willens, zu dem die Neurowissenschaft schlicht behauptet: Der freie Wille ist eine vom Gehirn erzeugte Illusion, ein mentaler Appendix sozusagen, und seine Determiniertheit durch sein neurophysiologisches Korrelat jederzeit im Experiment nachweisbar.

Wir wollen einmal von den Methoden- und Messproblemen, die diesen Versuchsanordnungen anhaften, und die auch in den entsprechenden Fachkreisen heiß und kontrovers diskutiert werden, absehen. Wenden wir uns dem neurophysiologischen Korrelat und seiner materiellen Verfasstheit zu. Biochemische Vorgänge lassen sich zurückführen auf physikalische, und diese wiederum sind beheimatet in der Elementarteilchenphysik. Deren Theorie ist die Quantentheorie.

Seit Einführung der Quantentheorie zu Beginn des letzten Jahrhunderts bereitet die Erklärung physikalischer Vorgänge erhebliche Schwierigkeiten. Nicht nur lässt sich ein Elementarteilchen bezüglich seines Ortes und Impulses nicht gleichzeitig festnageln. Auch zu welchem Zeitpunkt bei einem Teilchen die nächste Verwandlung ansteht, kann nur annähernd und wahrscheinlicherweise angegeben werden. Beide Phänomene laufen der deterministischen Auffassung von Naturvorgängen erheblich zuwider. Nicht mindere Schwierigkeiten bereitet den Physikern der Welle-Teilchen-Dualismus der Materiebausteine. Dass ein Teilchen sich als Welle fortbewegt und nicht in der Bewegungsform einer Welle, kann nicht erklärt, sondern muss hingenommen werden. Das Welle-Teilchen-Verhalten wird von der Physik als komplementär postuliert.

Die Quantentheorie zeigt, dass Energie, Masse und Geschwindigkeit auf das Engste miteinander verquickt sind. Doch das eine zur Erklärung des anderen heranzuziehen, erweist sich als wenig ergiebig. Was bleibt ist das wechselseitige Abhängigkeitsverhältnis dieser drei physikalischen Grundgrößen. Die Regeln, die es vorgibt dienen dazu, das Verhalten der subatomaren Teilchen zu beschreiben. Was ist jedoch nun das Materielle an all diesen Miniaturteilchen? Wenn Energie und Masse sich nur als potentielle Wirkungsquanten beschreiben lassen und deren Materialität eine Frage jenseits von experimenteller Überprüfbarkeit darstellt, dann tut sich die weitere Frage auf, was denn alternativ der Träger dieser Wirkungsquanten sein könnte. Man kann sich des Eindrucks nicht erwehren, auf metaphysisches Gebiet geraten zu sein. Einen Ausweg aus diesem naturwissenschaftlichen Dilemma bietet der neopositivistische Ansatz. Neopositivistisch geprägte Physik wendet sich ausschließlich der Messung der physikalischen Erscheinungen zu. Die Frage, was als Ursache für die physikalischen Erscheinungen gelten kann, wird kurzerhand als unzulässig deklariert. Dies birgt, gerade in Bezug auf die Phänomene der Quantenphysik, enorme Vorteile. Die quantenphysikalischen Phänomene und deren Wirkungszusammenhang werden mathematisch beschrieben und im Experiment gemessen. Mathematisierung und experimentelle Bestätigung der Mathematisierung verbürgen die Objektivität der Phänomene und ihrer Wirkungszusammenhänge.

Zwei Schwierigkeiten bleiben bei dieser Art und Weise des Herangehens bestehen. Da die Erkennbarkeit der substanziellen Ursache der Naturphänomene ausgeschlossen wird, ist ihrer möglichen Mystifizierung nur schwer entgegenzutreten. Wenn Gravitation nur als mathematische Beschreibung für die Anziehung von Massen fungiert, so ist nicht einsehbar, warum die Ursache dieses physikalischen Phänomens nicht im Bereich des Übernatürlichen gesucht werden darf. Als zweite Schwierigkeit des neopositivistischen Ansatzes ergibt sich die Transformierung der realen Außenwelt in den reinen Vorstellungsbereich des erkennenden Subjekts. Alles wird Erscheinung – und Ursache dieser Erscheinungswelt ist möglicherweise einzig und allein das Subjekt. Womit wir wieder mir nichts, dir nichts bei Descartes und seiner vom Ich erzeugten fremden Innenwelt wären.

Nun könnte man einwenden, Forschung sei niemals abgeschlossen und somit das Auffinden von der Rationalität zugänglichen Ursachen für physikalische Phänomene nur eine Frage der Zeit. Die angenommene Determiniertheit der Naturvorgänge birgt aber ein weitreichendes, erkenntnistheoretische Problem und zwar das der endlosen Kausalkette: Denn eine nicht verursachte Ursache, die diese endlose Kette beenden könnte, ist im Bereich der Erscheinungen nicht aufzufinden. Dieses Problem wird auch dann nicht beseitigt, wenn statt einer Kausalkette ein Kausalnetz angenommen wird. Denn auch ein Kausalnetz ist notwendigerweise aufgebaut aus Wirkendem und Bewirktem.

Bezüglich der naturwissenschaftlichen Hilfestellung

lässt sich als Fazit ziehen: Sie hat für das moderne Subjekt als Stabilitätsfaktor erheblich eingebüßt. Die Quantentheorie zeichnet verantwortlich dafür, dass die Materialität der Natur – als Garant für Objektivität – massiv in Frage gestellt worden ist. Allenfalls die Mathematisierung der Natur verschafft noch jenen Grad an Legitimation, der für naturwissenschaftliche Aussagen über sie erforderlich ist.

Kommen wir nun zu der Hilfeleistung, die dem heutigen Menschen von der immer noch wirksamen Postmoderne entgegengebracht wird. Zunächst Ort und Zeitpunkt ihrer gesellschaftlichen Wirksamwerdung: Frankreich, in den 1970er und 1980er Jahren. Ausgehend von einer Theorie der Sprache rückt die Postmoderne drei Begriffe in den Fokus ihrer Betrachtung: Differenz, Dekonstruktion und Heterogenität.

Der bedeutendste Begriff ist dabei der der Differenz. Differenz wird von der Postmoderne als die Grundstruktur von Sprache überhaupt gesehen. Erst die Differenz legt die Bedeutung der sprachlichen Zeichen in einem wechselseitigen Bestimmungsverfahren fest. Eine Bedeutung der Zeichen ist ohne das Bestimmungsverhältnis nicht vorhanden, sondern die Bedeutung wird durch dieses erst konstituiert. Dabei operiert Differenz rein formal, nämlich als bloße Unterscheidung. Unterscheidung aber ermöglicht Ungleichartigkeit, Heterogenität. Der Vorwurf der Postmoderne an die Moderne lautet:

Das logozentrierte Subjekt hat im rein begrifflichen Zugang zur Welt deren Heterogenität eingeebnet. Die Welt ist vom rational-begrifflichen Subjekt zu seinem bloßen Refugium deformiert worden. Diese Deformation muss gemäß postmodernen Philosophierens dekonstruiert werden. Es gilt, die rationalen Normen, die die Gesellschaft eindimensioniert und verhärtet haben, durch einen Prozess der Dekonstruktion aufzulösen. Doch die Dekonstruktion der Postmoderne richtet sich nicht nur gegen Normierung und Formalisierung der Gesellschaft, sondern in der Einseitigkeit ihrer Bewegung auch gegen deren Mitglieder. Der Einzelne wird in seinem Individuationsbestreben abgebremst und auf ein Persönlichkeitsallerlei getrimmt. Nur wer alles ist und kann, entgeht dem Verdacht, durch sein Individuationsbestreben eindimensional geworden zu sein. Dekonstruktion gerät zur Diffusion.

Die Heterogenität, deren Freilegung die Dekonstruktion zu erreichen versucht, zeigt sich als ambivalent. Heterogenität ist nicht per se positiv. Die den heutigen Gesellschaftsverhältnissen eingeschriebene entlarvt sich allenthalben als permanente Wiederholung des Gleichartigen. Dafür verantwortlich ist das Diktat des Nützlichen, das keinen Raum lässt für Heterogenes, das sich ihm widersetzt. Denken, als Möglichkeit der Welt gewahr zu werden, sie dem Bewusstsein zuzuführen, versündigt sich dann an der Welt, wenn es als rechnendes

Herrschaftsdenken auftritt. Als solches verstellt es die Erzählwelt, die allein Vielfalt garantieren kann. Die Erzählwelt wird ihrer Vielfalt beraubt und verkürzt auf eine rational-begriffliche Bestimmung, die sie in eine Nutzwelt transformiert. Im herrschaftsfreien Diskurs und im poetischen Sprachspiel tritt jene Vielfalt der Erzählwelt zutage, die sich der instrumentell-pragmatischen Reflexion entzieht.

Die Welt ist, was wir vernehmen. Wir vernehmen sie über die Sprache. Die Sprache spricht aber nicht den Menschen, sie spricht zu den Menschen, und sie spricht zu ihnen von der Welt. Dies erfordert eine Schule des Zuhörens. Nur wer lernt, sich der Welt hörend zuzuwenden, vernimmt ihre Erzählung. Erzählt wird der der Welt innewohnende Bedeutungszusammenhang. Dieser geht über die bloße Messung der Dinge in Raum und Zeit hinaus, verliert sich jedoch auch nicht in einer kryptischen, nicht nachzuvollziehenden Spiritualitätsversunkenheit.

Der Bedeutungszusammenhang der Welt ist begrifflichem Denken zugänglich. Zugänglich, insofern es kein rein berechnendes Denken ist. Der auf die Welt angewandte Begriff greift nicht per se zu kurz. Erst wenn er dem Primat der Berechenbarkeit unterstellt wird, verkürzt er die sich erzählende Welt. Vielfalt geht nicht auf in Vielzahl. Das vorgeblich beruhigende Quantifizieren der Welt hat als Preis ihre Verarmung. Wer jedoch in einem Gegenimpuls danach trachtet, um jeden Preis sich die

Vielfalt der Welt anzueignen, läuft Gefahr, selbst vielfältig zu werden. Der Übergang zur Fragmentierung ist fließend. Das offene Zuhören des Subjekts der Erzählwelt gegenüber bleibt nur dann bestehen, wenn es ihm gelingt, sich ihr als ein mit sich selbst Identisches zuzuwenden. Egozentriertes Subjekt und identisches Subjekt sind zweierlei. Das egozentrierte Subjekt hat sich der Fähigkeit beraubt, zuzuhören. Ständig bedacht auf Zweckrationalität und Nutzanwendung übertönt es die Welterzählung durch sinnfreies Aktivitätsgetöse. Wenn es ihm nicht glückt, sich der Welterzählung zuhörend zu nähern, erstarrt es vollends in Eindimensionalität.

Wenn es dem Subjekt hingegen gelingt, im Zustand des Hörens zu verharren und es seine Anstrengung darauf richtet, das Gehörte ideell-spekulativ zu denken, dann entgeht es der autoritären Vereinheitlichung, die dem Nur-Nützlichen geschuldet ist. Individualität im Vielfältigen ist die scheinbar widersprüchliche Aufgabe des neomodernen Subjekts. Es geht nicht darum die Welt zu vereinheitlichen, um sie zu bewältigen, es geht darum der Welt zuzuhören, um ihrer Vielfalt gewahr zu werden.

Der neomoderne Mensch lauscht der Welterzählung. Der neomoderne Mensch ist ein Weltzuhörer.

LEBENSSINN

DRITTE REDE

Ob der heutige Mensch von der Frage nach dem Lebenssinn stärker umgetrieben wird als die Menschen vergangener Epochen ist für die Beunruhigung, die er durch diese Frage erfährt, unerheblich. Nicht unerheblich jedoch ist, welche Möglichkeiten ihm heutzutage zur Verfügung stehen, sich in der Frage nach dem Lebenssinn zu orientieren oder sie sogar zu beantworten. Schenkt man den tonangebenden Berufsoptimisten Glauben, sind der Antworten unendliche. Aufbauend auf eine unzulässige Verkürzung postmodernen Gedankenguts, deformieren sie mit ihren Bejahungsprogrammen die Verschiedenartigkeit der Lebensentwürfe zum Möglichkeitswahn. Dabei läuft der Mensch Gefahr, selbst zur reinen Möglichkeit zu verkümmern.

Das von den redegewandten Berufsoptimisten suggerierte Versprechen, dem Einzelnen stehe bei entsprechender Anstrengung jedwede Entwicklung offen, verhindert, dass er sich für eine entscheidet. Heillos damit überlastet, den massiven, alltäglichen Lebensanforderungen gerecht zu werden, mangelt es ihm an der nötigen Energie, aus dieser Entscheidungslosigkeit auszuscheren. Er bleibt in der Möglichkeitsform stecken. Er wird in seinem Bestreben, Individualität auszubilden, blockiert und mit den ihm in Aussicht gestellten Lebensvarianten vertröstet. In einem fort wird er daran gemahnt, dem Leben gegenüber positiv eingestellt zu sein. Denn wem eine derart große Anzahl von Entwicklungswegen offen steht, der hat grundsätzlich die Verpflichtung, dem Leben eine bejahende Grundhaltung entgegen zu bringen, und sollte sich ihm gegenüber keineswegs in defätistischer Ablehnung ergehen.

Philosophie muss sich den Vorwurf gefallen lassen, den tonangebenden Berufsoptimisten in die Hände zu spielen, wenn sie sich dazu hinreißen lässt, dem Ratsuchenden wohlfeile Lebensratschläge zu erteilen. Diesem Vorwurf kann sie aber keinesfalls dadurch entgehen, dass sie sich als den Naturwissenschaften ebenbürtige Geisteswissenschaft geriert, um auf diese Weise ihre Seriosität als Wissenschaft unter Beweis zu stellen. Wissenschaftlichkeit allein taugt nicht als Garant für Seriosität. Nur ein Wissenschaftsverständnis, das ohne intellektuelle Hierarchisierung auskommt und sich jedem Einzelnen statusneutral zuwendet, zeigt die Ernsthaftigkeit seines Anliegens.

Wenn auch Philosophie der Ernsthaftigkeit ihres Anliegens gerecht werden will, darf sie sich nicht scheuen, auf Fragen Antworten zu suchen, die sich einer philosophischen Herangehensweise auf den ersten Blick zu entziehen scheinen.

Die Frage nach dem Lebenssinn ist solch eine Frage. Philosophie ist durchaus in der Lage, praktisch zu werden und sich der drängenden Frage nach dem Lebenssinn, die nach umsetzbaren Antworten verlangt, mit dem nötigen Ernst zuzuwenden. Sie kann in einem Prozess

der Orientierung für den Menschen konkrete Entschei-
dungshilfen bereitstellen. Sie kann aber nicht und soll
auch nicht an seiner statt Entscheidungen treffen. Denn
Entscheidungen zu treffen ist und bleibt ein Akt der
menschlichen Freiheit. Philosophie muss sich anderer-
seits davor hüten, dass sie im Verlauf dieses Orientie-
rungsprozesses nicht ins Pragmatische abgleitet. Ver-
schreibt sie sich dem reinen Lebensnutzen und verliert
ein Fragen, das über diesen hinausgeht, verkürzt sie den
Menschen selbst auf reine Nützlichkeit. Verweigert sich
jedoch Philosophie der praktischen Umsetzung ins Leben,
überlässt sie den Menschen seiner Orientierungslosigkeit.
In dieser befangen läuft er Gefahr, Lebensnutzen als
Lebenssinn misszuverstehen.

Wie können nun die Wege aussehen, die eine philosophische Orientierung innerhalb des Fragens nach dem
Sinn des Lebens erlauben? In einem ersten Reflex könnte
man sich auf die des Öfteren aufgestellte Behauptung
berufen, der Weg sei das Ziel und somit sein eigener Sinn.
Doch da in dieser Behauptung Weg und Sinn lediglich
durch die Beziehung aufeinander definiert sind, ergibt
sich die weitere Frage, ob diese Definition der Bestimmung von Lebenssinn förderlich ist. Denn ein Weg, dessen Ziel er selbst ist, lässt jedwede Orientierung offen.
Diese Offenheit als Dekonstruktion einer durch Normierung und Formalisierung verhärteten Gesellschaft zu ver-
stehen, ist postmodernem Philosophieren zu verdanken.

Das von der Postmoderne favorisierte Resultat der gesellschaftlichen Dekonstruktion ist Heterogenität. Doch Heterogenität, die sich einzig und allein durch Unterscheidung auszeichnet und vermeint, ohne inhaltliche Festlegung auszukommen, verfällt der Zementierung, der sie zu entgehen versucht. Ein inhaltlich festgelegter Weg gerät nur dann zur Ideologie, wenn er sich als absolut proklamiert. Dem entgeht auch nicht der Weg der Heterogenität. Nicht nur besteht eine Täuschung darin, dass die Möglichkeiten, die sich dem Menschen bieten, ins Unendliche gehen, auch verstellt diese vermeintliche Unbegrenztheit den Blick dafür, worin die substanziellen Unterschiede dieser Möglichkeiten zu suchen sind.

Diese Unterschiede herauszufinden und sie zu benennen, bedarf der geistigen Anstrengung. Dem heutigen Menschen scheint die Bereitschaft abhandengekommen zu sein, diese Anstrengung auf sich zu nehmen. Daran gewöhnt, alles als Ware offeriert zu bekommen, überlässt er die Beantwortung von Sinnfragen den Profis der Bejahungsindustrie. Dem gilt es entgegenzuwirken. Nicht indem Philosophie Lebensberatung desavouiert und sich hinter Wissenschaftlichkeit verschanzt, sondern indem sie Lebensberatung als lebensorientierende Aufgabe annimmt und den Menschen zur eigenständigen Sinnsuche aufruft.

Was nun kann Philosophie an Lebensorientierung leisten? Welche Wege der Orientierung kann sie dem

Sinnsuchenden aufzeigen? Im Folgenden werden fünf Wege skizziert, die zu einer Annäherung an die Frage nach dem Lebenssinn führen können. Ob es noch weitere Wege gibt, kann und soll hier nicht entschieden werden.

Weg eins: Kontemplation
Sich in die Betrachtung einer einzelnen Wahrnehmung oder Vorstellung hineinzuversenken hat das Ziel, deren Bedeutung intensiver zu durchdringen. Dies geschieht aber weniger durch ein aktives Wissenwollen als durch die offene Bereitschaft auf das zu hören, was die Wahrnehmung oder die Vorstellung von sich aus kundtun. Die auf diesem Weg emotional erfasste Bedeutung muss jedoch in einem zweiten Schritt in eine emotional-mentale Bedeutung transformiert werden. Geschieht dies nicht, bleibt sie für Andere unzugänglich und eine Auseinandersetzung mit ihr wird verhindert.

Aufgeklärter Philosophie ist Kontemplation als Art des Wissenszugangs suspekt und wird von ihr deshalb im Bereich des Religiösen verortet. Durch diese offensichtliche Abwertung verrennt sich rationalistische Philosophie in eine wissenschaftliche Arroganz, die ihrer geistigen Grundhaltung Abbruch tut.

Weg zwei: Meditation
Meditation hat in der westlichen Welt heutzutage Hochkonjunktur. Sie läuft dadurch Gefahr, sich als Mode-

erscheinung zu verausgaben. Deshalb muss es ihr dringliches Anliegen sein, sich der Vereinnahmung, die sie durch die Mechanismen des Marktes erfährt, zu widersetzen und an der Ernsthaftigkeit ihres geistigen Ansatzes festzuhalten. Das Spektrum der Meditation reicht von konzentriertem, intensivem Nachdenken europäischer Prägung bis zu dessen Gegenteil, bis zur Aufhebung jeglicher Gedankenanstrengung im östlichen Zen-Buddhismus. Im Oszillieren zwischen diesen beiden Extremen liegt ihre Stärke. Doch kann sich diese Stärke nur dann entfalten, wenn beide Meditationswege als gleichwertig akzeptiert werden.

Diese Akzeptanz aufzubringen, tut sich europäische Philosophie schwer. Dass philosophische Anstrengung nicht dem Gedanken gelten soll, sondern seiner Abwesenheit, ist für sie kaum nachvollziehbar. Zwar operiert europäische Philosophie in ihrem Nachdenken mit dem Nichts, das nicht bloß Gedankenabwesenheit, sondern Abwesenheit von allem bedeutet, doch bleibt bei dieser Art des Philosophierens das Nichts, zumindest als Begriff, erhalten. Die Leere des Zen-Buddhismus ist aber kein Begriff, sie ist ein Zustand. Der Zustand der Leere ist nicht begreifbar, er ist nur erlebbar. Östliche Zen-Meditation ist ein Weg zu diesem Erleben.

Weg drei: Reflexion
Im Unterschied zur Meditation konzentriert sich Reflexion

allein auf intensives, an Regeln gebundenes Nachdenken. Dies wird von ihr soweit vorangetrieben, dass sie das Nachdenken selbst zum Gegenstand ihres Nachdenkens macht.

Die Vereinseitigung, die Reflexion heute erfährt, zeigt sich darin, dass sie ausschließlich instrumentell-pragmatisch eingesetzt wird. Die Mittel zu benennen, die einer Zweckverwirklichung dienlich sind, gilt als die höchste Aufgabe intensiven Nachdenkens. Dabei ist häufig zu beobachten, dass die ausfindig gemachten Mittel als Zwecke missdeutet werden.

Ideell-spekulatives Denken, als zweite Möglichkeit der Reflexion, ist hingegen als ein metaphysisches Abirren verschrien und mit dem Stigma belegt, es führe unweigerlich in ideologisches Gedankengut. Doch die pauschale Ideologieunterstellung, vorgenommen am anderen Denken, entgeht nur schwerlich dem Verdacht, selbst ideologischen Ursprungs zu sein.

Weg vier: Aktion

In guter Manier der Reflexionsphilosophie ist die Frage zu stellen: Hat die Frage nach dem Sinn des Lebens einen Sinn? Oder anders gefragt: Hat es einen Zweck, sich die Frage nach dem Sinn des Lebens zu stellen? Auf den ersten Blick erfüllt solch eine Metafrage den Anspruch der Praxisbezogenheit nur schwerlich. Dem realitätsverpflichteten Tätigkeitsmenschen jedenfalls ist sie ein

Graus. Er, der dem Primat des Machens huldigt, verleiht dieser Metafrage kurzerhand das Etikett der nutzlosen Gedankenakrobatik, um sie damit der Lächerlichkeit preiszugeben. Als Mensch der Tätigkeit geht er davon aus, dass der Sinn seines Tuns sich mit diesem einstellt. Sollte das nach einer gewissen Zeit nicht der Fall sein, ist er jederzeit bereit, sich einer völlig anderen Tätigkeit zu widmen. Sein Motto lautet: „try and error". Wer aber stellt den „error" fest?

Intuition ist gefragt. Der ansonsten seiner Rationalität vertrauende Tätigkeitsmensch bedarf, um entscheiden zu können ob sein jeweiliges Tun für ihn richtig oder falsch ist, der Intuition. Nun bleibt aber wiederum die Entscheidung zu treffen, ob er seiner Intuition Folge leistet oder eher nicht. Dass es von erheblicher Wichtigkeit sein kann, die eigenen Intuitionen zu überprüfen, ist an den desaströsen Fehlentscheidungen, die in den letzten Jahren die Finanzwirtschaft erschüttert haben, gut abzulesen.

Um nun der Intuition als Entscheidungsinstanz für sein Tun zu entkommen, kann der Tätigkeitsmensch sie durch den eintretenden oder fehlenden Erfolg ersetzen. Erfolg bemisst sich an der Bestätigung durch Andere. Ob eine Tätigkeit als sinnvoll oder nicht sinnvoll eingestuft wird, ist also eine Angelegenheit der gesellschaftlichen Abstimmung. In der psychologischen Sinnforschung werden zu diesem Zweck Gruppenbefragungen durchgeführt. Sie ermitteln die Kriterien, anhand derer ein Mensch entscheidet, ob sein Tun sinnvoll ist oder nicht. Die psychologischen Befragungen erstellen also einen Katalog der Sinnkriterien. Der Tätigkeitsmensch ist als Befragter, Mitautor dieses Katalogs, als gesellschaftlicher Leistungsträger richtet er sich nach ihm.

Die Maßeinheit für Erfolg ist heutzutage vorwiegend eine monetäre. Erfolg, der sich nicht auf Heller und Cent nachweisen lässt, gilt als zweitrangig. Die monetäre Bestätigung durch die Anderen wird für den Tätigkeitsmenschen dann relevant, wenn sie eine gewisse Größenordnung erreicht. Doch gerät diese Größenordnung außer Rand und Band, schlägt sie von Absicherung in Bedrohung um. Gegenwärtig ist dies festzustellen: Im globalen Wettbewerb hat sich der finanzielle Erfolg der kapitalhörigen Tätigkeitsmenschen in eine Größenordnung hinaufkatapultiert, die im Begriff ist, die existenziellen Grundlagen der gesamten Weltbevölkerung zu zerstören.

Weg fünf: Kommunikation
Kommunikation allgemein gefasst ist Mitteilung, Verständigung, Austausch mittels Sprache und Zeichen. Obgleich Kommunikation heutzutage in aller Munde ist, drängt sich die Frage auf, was mitgeteilt, was ausgetauscht wird. Der Blick darauf ernüchtert. Denn was heute ausgetauscht wird, das jedoch in unvorstellbarer Menge, sind Daten und Informationen, keinesfalls jedoch Gedanken. Gedanken-

austausch als wesentlicher Bereich der Kommunikation verkümmert zum bloßen Abgleich von Fakten. Deren vermeintliche Wichtigkeit erscheint als unumstößlich. Zweifel an der Wichtigkeit von Fakten werden diffamiert als Störfaktor, der den reibungslosen Ablauf nützlichkeitshöriger Zweckumsetzung gefährdet.

Auch Kontemplation und Meditation werden vom Nützlichkeitsdiktum usurpiert. Durch sie eignet sich der Einzelne ein mentales Rüstzeug an, um die zunehmenden Belastungen des Alltags erfolgreich meistern zu können. Wer sich mit ihrer Hilfe wieder fit macht für die allgegenwärtige gesellschaftliche Konkurrenzsituation, wird ohne Unterlass bestätigt, gewinnt aber weniger als er verliert. Der Verlust wird wahrgenommen als Mangel an Lebenssinn.

Dem lebenstüchtigen Menschen bietet sich die Möglichkeit, diesem Manko durch eine Aktivierung seiner instrumentell-pragmatischen Vernunft zu begegnen. Sie verspricht, auch in diesem hoch komplizierten Fall eine akzeptable Lösung bereit zu stellen. Doch Vorsicht ist geboten. Die Anstrengung, der Frage nach Lebenssinn mit instrumentell-pragmatischer Reflexion auf die Schliche zu kommen, erweist sich als vergeblich. Da dieses Nachdenken zweckorientiert und nicht zwecksetzend ist und einzig und allein danach fragt, ob die eruierten Mittel den beabsichtigten Zweck realisieren können, ist es als Nachdenken über Lebenssinn ungeeignet. Lebenssinn erfordert Zwecksetzung. Wenn ein Zweck als sinnvoll erkannt ist, verleiht seine Umsetzung dem Leben Sinn.

An dieser Stelle wollen wir das Reflektieren über die Frage, welche Wege der Orientierung dem Auffinden von Sinn im Leben förderlich sind, unterbrechen, um später darauf zurückzukommen. Das bisher Gesagte lässt sich folgendermaßen resümieren: Die Wege der Kontemplation, der Meditation und des ideell-spekulativen Nachdenkens versprechen eine Orientierung innerhalb der Frage nach dem Sinn des Lebens. Der Weg der Aktion verspricht Orientierung nur dann, wenn er nicht blindwütig beschritten wird, sondern an einen der drei anderen Wege rückgebunden ist.

Wie jedoch ist sicher zu stellen, dass sich dieses Versprechen der Orientierung nicht als trügerisch erweist? Diese vier Wege entgehen dem Verdacht in die Irre zu führen nur dann, wenn sie sich ihm aussetzten und seine Berechtigung nicht von vornherein ausschließen. Die vier Wege zu beschreiten, schließt ihre wiederkehrende Infragestellung mit ein. Dass diese reflektierende Haltung nicht in die Blockade führt, liegt daran, dass sie nicht als Beharren, sondern als Verharren zu begreifen ist. Das Infragestellen des selbst gewählten, geistigen Entwicklungswegs schwächt ihn nur dann, wenn es sich an seine Stelle setzt.

Diese vier Wege zu beschreiten, verlangt nach Übung. Exerzitien sind Bestandteil aller vier Wege. Ob Exerzitien das Vorankommen auf den vier Wegen eher erschweren als ihm dienlich sind, hängt sicherlich vom Grad der Intensität ab, mit der man sie betreibt. Der Gefahr, Exerzitien in ihrer Bedeutung hochzustilisieren und sie nicht als Hilfsmittel zu betrachten, muss derjenige, der diese Wege beschreitet, entgegentreten. Sie sind Bestandteil der geistigen Entwicklungswege und keineswegs deren Ziel.

Dass der Zeitfaktor beim Suchen nach Lebenssinn eine erhebliche Rolle spielt, ist nicht von der Hand zu weisen. Dem heutigen Menschen jedoch bleibt weder Zeit noch Energie, sich diesen Wegen zuzuwenden. Aufgerieben in übermächtigen, instrumentell-pragmatischen Tätigkeitsanforderungen unterwirft sich der Mensch selbst dem Diktat des Machens. In seiner Furcht vor Aktivitätsmangel verwechselt er Stillstehen mit Stillstand. Nur ein aufmerksames Verharren erlaubt es ihm, den Faden des Fragens nach dem Lebenssinn wieder aufzunehmen.

Postmoderne Philosophie hat den Blick dafür geöffnet, dass dem modernen Subjekt der Faden der Sinnfrage entglitten ist, gleichzeitig aber den Blick dafür verstellt, dass dies nicht grundsätzlich seinem Subjektsein geschuldet ist. Es ist der quantifizierende Zugriff auf die Welt, der den Blick trübt und die Vielfalt der Welt verschleiert. Im rechnenden Zugriff auf die Welt wird das Begreifen zum

Herrschaftsinstrument und die Welt somit eindimensional. Will der Mensch sich die Vielfalt der Welt wieder erschließen, muss er seinen Herrschaftsanspruch ihr gegenüber aufkündigen und sie in ihrem eigenständigen Anderssein gelten lassen. Dies erfordert Selbstbildung. Nur wer sich selbst bildet, begreift die Verunsicherung durch das Andere als dialektischen Bestandteil seines Bildungsprozesses.

Und nun ist es erforderlich, den Weg fünf der Sinnfindung im Leben wieder aufzugreifen: den kommunikativen. Denn der Bildungsprozess des Menschen ist kein isolierter, er ist kommunikativ. Im interaktiven Nachdenken erfolgt ein Austausch über vom Einzelnen Nachgedachtes. Selbstunterredung mündet in Dialog. Die in Kontemplation, Meditation, Reflexion und Aktion gemachte emotionale oder mentale Erfahrung drängt nach Austausch im Gespräch. Zunächst einmal, um die Teilhabe des Anderen zu erlangen, aber auch, um Überzeugungsarbeit am Anderen zu leisten. Teilhabe und Überzeugungsarbeit dürfen dabei aber nicht einseitig sein, nur von einer Gesprächsseite ausgehen, sondern müssen sich in einem wechselseitigen, dialektischen Prozess ergänzen.

Der Diskurs ist dann zu begrüßen, wenn die in ihm auftretende Emphase seinem Inhalt gilt. Er degeneriert dann zur bloßen Rhetorik, wenn die Teilnehmer ihn zum Herrschaftsinstrument demontieren. Ein emphatischer

Gesprächspartner, der jedwedes Gegenüber als eben-
bürtig anerkennt, entschlägt sich des Profits, den ihm
seine intellektuelle Überlegenheit verheißt. Das gemein-
same geistige Fortkommen in der dialogischen Auseinandersetzung ist ihm Belohnung genug. Er erblickt im
Miteinandersprechen eine kulturelle Errungenschaft,
die es zu bewahren gilt.

Das Gespräch ist eine der höchsten Formen mensch-
licher Interaktion. Im Gespräch nähert sich der Mensch
dem Lebenssinn.

DAS
KREATIVE
IM
MENSCHEN

VIERTE REDE

Dass das Kreative ihm wesenhaft zugehöre, ist seit jeher eine Grundüberzeugung des Menschen. Weit weniger ausgeprägt ist seine Sicherheit hingegen bei der Beantwortung der Frage, worin denn das Kreative bestehe, was denn seine Bestimmungsmerkmale ausmache. Sieht sich der Gebildete mit solch einer definitorischen Problemstellung konfrontiert, besteht sein erster Schritt darin, diverse Nachschlagewerke zu Rate zu ziehen. Das ist insbesondere dann der Fall, wenn der zu klärende Begriff nicht seiner Muttersprache entstammt. Aus der Konsultation der diversen lexikalischen Hilfsmittel ergibt sich die Definition des Kreativen als dem Vermögen, etwas gestalterisch zu schaffen, etwas schöpferisch hervorzubringen. Unterzieht man diese Definition einer genaueren philosophischen Begriffsanalyse, lassen sich zwei Bestimmungsfaktoren herauskristallisieren: die Idee, nach der geschaffen wird, und die Form, die der Idee zur Wirklichkeit verhilft.

Das Kreative manifestiert sich im Kunstwerk und es manifestiert sich in ihm gemäß seiner beiden Bestimmungsfaktoren. Jedes Kunstwerk ist bestimmt durch eine Idee, die ihm zugrunde liegt, und eine Form, die der Idee zum Ausdruck verhilft. Idee und Form in Einklang zu bringen, ist die Aufgabe des Künstlers. Der Künstler zielt im Formungsprozess des Kunstwerkes auf die reale Umsetzung der von ihm entworfenen Kunstidee. Er ist also bei der Hervorbringung des Kunstwerkes auf zweierlei

Weise kreativ: Er verleiht dem Kunstwerk seine Idee, er ist Idee gebend, und er verleiht ihm seine Form, er ist Form gebend. Die Idee ist der geistige Inhalt des Kunstwerks, die Form seine sinnliche Realität. Indem der Künstler in einem kreativen Akt beides hervorbringt, schafft er das Kunstwerk.

Heutzutage ist festzustellen, dass Kreativität einen inflationären Gebrauch erfährt. Jeder noch so unbedeutende Gegenstand, wird allenthalben suggeriert, verdankt sich einem kreativen Schöpfungsprozess. Um diesem inflationären Gebrauch zu begegnen, ist es angebracht, auf diejenigen Produkte den Blick zu wenden, die heute als Kunstwerke angepriesen werden. Es ist die Frage zu stellen: Weisen die solcherart angepriesenen Produkte die beiden Bestimmungsmerkmale des Kunstwerks auf? Haben sie sowohl eine Idee als auch eine dieser Idee entsprechende Form? Um der Antwort näher zu kommen, ist es zunächst hilfreich, die philosophische Definition der Idee als einer Wesensbestimmtheit mit dem Begriff des Einfalls zu kontrastieren. Denn mit diesem verhält es sich gänzlich anders als mit der philosophisch bestimmten Idee.

Dem Einfall ist inhärent, was der Idee fehlen muss: die Anwendbarkeit.

Das Produkt, das sich dem Einfall verdankt, ist durchweg marktkonform, es entsteht, um verkauft zu werden. Produkteinfälle gehen auf in ihrem Warencharakter. Verfehlt der Einfall, eine Ware hervorzubringen, die am Markt besteht, ist er im besten Sinne des Wortes nichts wert.

Gegenwärtig werden jedoch Idee und Einfall erfolgreich gleichgesetzt. Die etwas andere Geschmacksrichtung eines Joghurts verdankt sich ebenso einer Idee wie die kaum merklichen Farbnuancen von Abertausenden von Kommunikationsgeräten. Die grassierende Neuerungssucht, die symptomatisch als ein permanentes ökonomisches Innovationspalaver zutage tritt, ist Hauptakteur der Gleichsetzung von Idee und Einfall. Idee wird als Einfall verkannt. Unternehmerische Innovationsabteilungen stilisieren sich hoch zu kreativen Ideenschmieden. Diese Stilisierung gilt es fortwährend am Laufen zu halten. Ein möglicher Stillstand birgt die Gefahr in sich, der Gleichsetzung von Idee und Einfall auf die Schliche zu kommen. Da dies Sand im Getriebe der globalen Ökonomisierung wäre, muss die Gleichsetzung um jeden Preis aufrechterhalten werden. Denn nur wenn ein Produkt der Nimbus des Kunstwerkhaften umgibt, entzieht es sich der Demaskierung, als das erkannt zu werden, was es ist: ein Anwendungsgegenstand.

Gegenstände aber, die der Anwendung dienen, werden auch durch keine noch so ambitionierte Verkleidung zum Kunstwerk. Ein Gebrauchsgegenstand ist kein Kunstwerk. Diese Gleichsetzung jedoch vorzugaukeln, scheut die Werbeindustrie weder Aufwand noch Kosten. Ihr zur Hand gehen Designfachleute, die den Produkten Formen überstülpen, die sie aus der Kunst entlehnt haben. Durch diesen Trick versuchen sie, den Produkten die Anziehungskraft des Kunstwerks zu verleihen, die diese per se nicht haben. Doch der Schwindel glückt.

Mit ähnlicher Arglist wird in der Kunstdebatte immer wieder die Auffassung lanciert, ein Bestimmungsmerkmal von Kunst sei der Unterhaltungswert, den sie aufweist. Dem ist aber nicht so. Der Unterhaltungswert ist kein Merkmal von Kunst und nicht in der Lage, ein Produkt zu einem Kunstwerk zu erhöhen. Denn auch er basiert auf einem Produkteinfall und nicht auf einer Kunstidee und bemisst sich an der Anwendung, die das Produkt in der Gesellschaft erfährt. Der Unterhaltungswert zielt ab auf Entspannung und Zerstreuung des von den Alltagsaufgaben überforderten und geplagten Menschen. Statt mit sich selbst konfrontiert zu werden, wie es im Kunstwerk geschieht, wird der Mensch von sich selbst abgelenkt. Das unterhaltsame Produkt wird allenthalben als Ablenkungsmittel eingesetzt und demonstriert somit seinen Charakter als Anwendungsgegenstand.

Der Schaden dieser Entwicklungen wäre nicht so bedenklich, wenn das Kreative dabei nicht völlig unter die Räder käme. Wer aus jeder menschlichen Betätigung eine kreative Tat macht, ebnet ein, was durch jene ursprünglich hervorgebracht wird: das Kunstwerk. Anders als das Produkt verweigert sich das Kunstwerk seiner Behandlung als Ware. Dabei entspricht die Höhe der

Summe, die für ein Kunstwerk bezahlt wird, der Vehemenz seiner Verweigerung. Das Kunstwerk ist marktkonträr. Ihm eignet, was dem Produkt fehlen muss: die Anwendungslosigkeit.

Jedoch nicht nur als Objekt der ökonomischen Nutzanwendung wird das Kunstwerk heutzutage verkannt. Seine gesellschaftliche Bedeutung erleidet noch eine weitere Fehlinterpretation. Der vom instrumentell-pragmatischen Denken angekränkelte moderne Mensch sieht das Kunstwerk lediglich in der Funktion eines Korrektivs, dazu da, gravierende gesellschaftliche Missverhältnisse aufzudecken und anzuprangern. Auf diese Weise wird das Kunstwerk dazu benutzt, die unterschiedlichen politischen Interessen öffentlich zu unterstützen und durchzusetzen, was es zum Werkzeug degradiert. Seiner Eigenständigkeit beraubt wird es ins lebenspragmatische Ganze integriert.

Doch der Kunst wohnt kein gesellschaftlicher Fortschrittsgedanke inne. Dieser zwänge sie in die Rolle einer Gegenwelt, in welcher die Missverhältnisse der heutigen Gesellschaften überwunden wären. Solch eine Rolle aber würde Kunst verzwecken. Nur derjenige misst ihr diese Aufgabe zu, der vollständig in der rational instrumentellen Auffassung von Welt verhaftet ist. Ihm ist der dichterische Blick gen Himmel oder das ziellose Sichversenken in Musik lediglich dazu da, um sich effektiver gegen die massiven Anforderungen des Alltags zu wappnen.

Der Realist funktionalisiert Kunst als Gegenwelt und stabilisiert damit die bestehende. Ihm ist die Kunst als Gegenwelt allemal lieber denn als Utopie. Für den Realisten ist Utopie der Nichtort, den es unbedingt zu verhindern gilt. Utopisch verstanden ist Utopie jedoch nicht der Nichtort, sondern der eigentliche Ort. Diesen zeigt Kunst auf.

Zur Erläuterung dieser kunstphilosophischen Ausführungen wollen wir drei Kunstgattungen näher beleuchten: Die Dichtkunst, von den bildenden Künsten die Malkunst und als dritte die Tonkunst.

Die Dichtkunst

Der Dichter oder, weniger hehr, der Schriftsteller, hat es mit Wörtern zu tun und deren Kombination. Die Kombination von Wörtern gemäß der geltenden Sprachregeln macht den einen Teil seiner Arbeit aus. Der andere ist das Auffinden der seinem Sprachkunstwerk zugrunde liegenden Idee.

Der Schriftsteller ist bestrebt, durch die richtige Kombination der Wörter die Idee, die er seinem Text zugrunde gelegt hat, aufscheinen zu lassen. Auf dieser Suche ist er genötigt, die geltenden Regeln, die seine Sprache bestimmen, immer wieder infrage zu stellen und gegebenenfalls zu modifizieren. Die sprachliche Wucht seines Textes hängt von der Art dieses Modifizierens ab. Das Abstreifen von Traditionen darf dabei aber nicht zum Selbstläufer geraten. Wer sein Heil in sprachlichen Neologismen sucht und nicht stets überprüft, ob das Neugefundene die Textidee treffender darstellt als das Althergebrachte, höhlt die Textidee zur reinen Textform aus. Ebenso unangebracht jedoch ist die Ehrfurchtshaltung gegenüber dem traditionell Erprobten. Nur in einem wechselseitigen, offenen Prozess können Textidee und ihre sprachliche Darstellung sich finden.

Worin besteht nun das Spezifische, das die Dichtkunst als Kunstform auszeichnet? Bei Wörtern ist sprachtheoretisch gesehen ihre Formseite und ihre Inhaltsseite zu unterscheiden. Dies gilt ebenso für Sätze. Nun sollte man annehmen, dass Wörter und Sätze ihren Inhalt adäquat wiedergeben. Diese Annahme ist aber nicht mit der Erfahrung vereinbar, der zufolge Dichter sich bemüßigt fühlen, an ihren Wörtern und Sätzen unentwegt herumzufeilen. Die Unzufriedenheit des Dichters bekundet die Diskrepanz, die der Inhalt und die Form von Wörtern und Sätzen aufweisen. Und eben jene Diskrepanz ist es auch, die sich zwischen dichterischer Textidee und deren Formgebung auftut. Sie in einem Annäherungsprozess zu mInImIeren, bestimmt die Qualität des dichterischen Werkes.

Die Sprache des dichterischen Textes weist über das Begriffliche hinaus, entzieht sich ihm aber auch nicht. Dadurch öffnet sie dem ideell-spekulativen Denken einen Spielraum für die literarische Interpretation.

Die Malkunst

Der Maler hat es mit Farbe zu tun und mit der Gestaltung durch Farbe. Die Gestaltung reicht von der realistischen Darstellung bis zur vollständigen Abstraktion. Bei der realistischen Malerei dient die Farbe dem Gegenstand und seiner naturgetreuen Darstellung. Sie wird dieser Darstellungsweise vollständig untergeordnet und damit in ihrer Bedeutung marginalisiert. Für die Farbe bedeutete es einen erheblichen Emanzipationsschritt heraus aus dieser Marginalisierung, als die Künstler damit begannen, den gemalten Gegenstand in seiner Gegenständlichkeit zu verfremden. So ist ein blaues Pferd als Pferd in seiner Gestalt zu erkennen, seine Farbgebung widersetzt sich aber sowohl der alltäglichen Erfahrung als auch der naturalistischen Malweise. Damit verunsichert der Maler nicht nur den Betrachter, sondern er erhöht auch den Stellenwert der Farbe.

In der abstrakten Malerei wird dann das Verhältnis von Gegenstand und Farbe umgekehrt. Von nun an steht die Farbe im Mittelpunkt des Bildes, bleibt aber weiterhin mit den auf ihm dargestellten Objekten verbunden. Der rote Kreis oder das gelbe Dreieck sind in erster Linie rot und gelb und erst in zweiter Linie Kreis und Dreieck.

Ein weiterer gravierender Schritt darüber hinaus ist das Aufgeben der Gegenstandsdarstellung zugunsten der Selbstdarstellung der Farbe. Differenz entsteht jetzt nur noch aus den unterschiedlichen Farbflächen des

Bildes. Ein letzter konsequenter Schritt ist das aus exakt einer Farbe bestehende Bild. Begrenzung und damit Differenz ergibt sich jetzt einzig und allein aus der Begrenztheit der Leinwand. Das verhilft zwar der jeweiligen Farbe zu ihrem Recht, da sie keinerlei gegenständlicher Darstellung mehr dient, isoliert sie jedoch auch zugleich.

Gegenstand und Farbe in einem Bild zu verbinden, ist keineswegs ein Relikt aus der Vergangenheit, dem die gegenwärtige Malkunst unwiederbringlich entwachsen ist. – Nebenbei gesagt würde dies ja auch einen vollständigen Stillstand in der Malerei bedeuten. – Es ist zudem kein Rückgriff auf obsolet gewordene Maltechniken als Ausdruck talentlosen Epigonentums. Vielmehr ist die Aufeinanderbezogenheit von Gegenstand und Farbe nur dann zu verneinen, wenn sie als ein Prioritätenverhältnis auftritt. Gleichberechtigt dienen Farbe und Gegenstand der gegenseitigen Intensivierung.

Die Tonkunst
Im krassen Gegensatz zur Dichtkunst hat es die Tonkunst nicht mit Wörtern und deren Inhaltsseite zu tun. Ob ihr das künstlerisch zugute kommt oder nicht, soll hier nicht weiter erörtert werden. Aber der bloße Unterschied zwischen diesen beiden Kunstformen verdient Beachtung. Linguistisch gesprochen fehlen der Tonkunst ihre Signifikate. Noten als Signifikanten repräsentieren zwar Töne, doch ermangelt diesen eine Inhaltsseite, die ihnen

Bedeutung verleiht. Der Inhalt der einzelnen Töne muss sich aus einer anderen Quelle speisen. Unterstellt man nun, dass auch einem Musikstück eine Idee zugrunde liegt, ergibt sich die weitere Frage, wie diese Idee in ihm manifestiert wird. Es ist angezeigt, bei der Beantwortung dieser Fragen postmoderner Gedankenführung zu folgen und den Begriff der strukturellen Differenz einzuführen. Seine Einführung zeigt auf: Die Idee des Musikwerks liegt in der bloßen Differenz der Töne und in deren Anordnung zueinander. Und nun eröffnet sich auch die Möglichkeit, die Quelle für den Inhalt der Töne zu benennen. Der Inhalt der einzelnen Töne speist sich einzig und allein aus ihrem Platz, den sie in ihrer Anordnung zueinander einnehmen, folglich aus ihrem Platz in der gesamten Komposition. Die Zusammensetzung, die die Töne erfahren, also das rein Kompositorische, definiert die Idee des Musikstückes, und die Einzigartigkeit der musikalischen Idee wird definiert durch die Einzigartigkeit der musikalischen Komposition.

Damit tut sich aber eine gewisse Schwierigkeit auf. Gerinnt bei dieser Betrachtungsweise nicht die Form zum Inhalt? Wird bei dieser Interpretation nicht die Idee des Musikwerkes formalisiert? Diese Gefahr bestünde in der Tat, wenn Kompositionsidee und Kompositionsform identisch wären. Das ist aber nicht der Fall. Selbst wenn die Form ihr eigener Inhalt würde, gälte es zwischen beiden zu unterscheiden. Denn in der Kunst die Form zum

Inhalt zu machen, stellt auch wiederum eine Kunstidee dar. So ist also ein Musikwerk stets zusammengesetzt aus beidem: einer Kompositionsidee, die ihm zugrunde liegt, und einer Kompositionsform, in der es seine sinnlich-hörbare Verwirklichung erfährt.

Wenn aber die Kompositionsidee den Inhalt von Musik ausmacht, welcher Stellenwert kommt dann der Kompositionsidee in der Vokalmusik zu?

Natürlich könnte man, um diesem Dilemma zu entgehen, die Vokalmusik nicht der reinen Musik zurechnen. Doch würde man sie dadurch in unzulässiger Weise degradieren. Dem Kunstlied seine Teilhabe an der reinen Musikalität abzusprechen, verkennt deren Ursprung.

Die Verbindung von Musik und Text ist eine Verbindung von zwei Inhaltsseiten: die der Textidee und die der Kompositionsidee. Die Aufeinanderbezogenheit dieser beiden Inhaltsseiten schafft eine dritte Inhaltsseite: die Gesangsidee. Diese manifestiert sich in der Gesangsform. Alle drei Ideen erfahren ihre Realisierung in der ihnen entsprechenden Form, weisen aber auch zugleich über diese hinaus. In diesem Hinausweisen der Idee über die Form wird das jeweilige Kunstwerk seinem Anspruch auf Reinheit gerecht. Für das Kunstlied bedeutet das: Die Idee des klingenden Wortes verbürgt seine Reinheit.

Wir haben bisher nur den aktiv Kunstschaffenden betrachtet. Im Kunstgeschehen sind jedoch noch drei weitere Bereiche zu berücksichtigen: die Interpretation, die Rezeption und die Präsentation.

Die Interpretation

Wie stellt sich die Aufgabe des Interpreten dar? Anders als der Künstler, der das Kunstwerk in einem Annäherungsprozess von Idee und Form hervorbringt, ist der Interpret allein auf die Form des realen Kunstwerks angewiesen. Seine Aufgabe ist es, die hinter der sinnlichen Realität des Kunstwerks verborgen liegende Kunstidee aufzuspüren. Dabei wird ihm neben Intuition eine intensive und aufmerksame Auseinandersetzung mit dem Werk abverlangt. Er muss sich von den Fragen leiten lassen: Was sagt der Text? Was zeigt das Bild? Welche Art von Musik erklingt?

Im Kunstwerk ist der Annäherungsprozess von Idee und Form abgeschlossen. Wenn der Künstler das letzte Wort, den letzten Farbstrich, den letzten Ton gesetzt hat, ist der Annäherungsprozess beendet. Nicht so bei der Interpretation des Kunstwerks. Diese beginnt immer wieder aufs Neue. Sie dokumentiert die Anstrengung des Interpreten die Idee, die dem Kunstwerk zugrunde liegt, aufzuspüren. Eine Interpretation kann dann als gelungen gelten, wenn das Aufspüren der Kunstidee zu einem Aufscheinen wird.

Die Rezeption

Der Rezipient nähert sich dem Kunstwerk an. Entweder mit Hilfe des Interpreten oder auf sich alleine gestellt. Tut er es auf sich alleine gestellt, macht er eben dasselbe wie der Interpret: er versucht, die Idee hinter der sinnlichen Präsenz des Kunstwerkes aufzuspüren. Dabei gilt sein Augenmerk den Gefühlen, die beim Wahrnehmen des Kunstwerks in ihm hervorgerufen werden. Seine Gefühle belegt er, um sie zu klären, mit Begriffen. Das ideell-spekulative Gedankenspiel, das das Aufspüren der Kunstidee voranbringt, spiegelt sich wider in der sinnlichen Gegenwärtigkeit, die das Kunstwerk umgibt. So wie die Interpretation, kann auch die Rezeption des Kunstwerks als niemals abgeschlossen gelten. Auch der Rezipient ist dazu aufgerufen, die wahrnehmende Auseinandersetzung mit dem Kunstwerk immer wieder aufs Neue zu suchen.

Die Präsentation

Kunst zu präsentieren ist kein leichtes Geschäft. Schon der Begriff „Geschäft" verweist auf die Problemlage. Da Kunst sich grundsätzlich ihrer monetären Aufwiegung entzieht, gilt es andere Plattformen als den Markt zu finden, um sie den Menschen zugänglich zu machen. Aufgabe heutiger Kulturinitiativen ist es, diese Plattformen aufzuspüren und sie den Kunstschaffenden bereitzustellen. Dabei ist zu beachten, dass sowohl die

Unabhängigkeit der Künstler gewahrt bleibt als auch der Vielfältigkeit der künstlerischen Darstellung Gerechtigkeit widerfährt.

Wir haben zu Anfang davon gesprochen, der Künstler sei der Hervorbringer des Kunstwerks. Diese Aussage gilt es zu präzisieren. Der Künstler bringt das Kunstwerk nicht in sein Dasein, sondern das Kunstwerk wird in seinem Dasein vom Künstler aufgefunden. Der künstlerische Schaffensprozess ist ein Auffindungsprozess. Der Künstler vollbringt die Auffindung des Kunstwerks. Dabei vollbringt er, zweierlei aufzufinden: die Idee des Kunstwerks und seine Form. Beide sind dem Künstler nur über das Kunstwerk zugänglich, sie sind begrifflich nicht fassbar. Sie entstehen erst im Wechselspiel mit der Konkretisierung des Kunstwerks, sie sind dieser nicht vorläufig. Im Auffindungsprozess des Kunstwerks nähert der Künstler Idee und Form einander an.

Die Idee ist der geistige Inhalt des Kunstwerkes, die Form seine sinnliche Präsenz. Ein Kunstwerk kann dann als schön betrachtet werden, wenn die ihm zugrunde liegende Idee durch seine Form reine sinnliche Präsenz erlangt. Dies ist dann der Fall, wenn sowohl seine Teile als auch deren Zusammenspiel in der Darstellung seiner Idee auf diese hinzielen. Das Hinzielen auf seine Idee macht die Schönheit des Kunstwerkes aus. Somit ist ein schönes Kunstwerk ein Kunstwerk, in dem das Hinzielen

auf die ihm innewohnende Idee gelungen ist. Die Nicht-
objektivität, die diesem Gelingen anhaftet, zeichnet das
Kunstwerk aus.

Die Frage, ob allen Menschen das Kreative zukomme,
muss mit einem unbedingten Ja beantwortet werden.
Allerdings obliegt es jedem Einzelnen, sich dieser hohen
Gabe auch anzunehmen. Dies erfordert Entschlossenheit
und geduldige Anstrengung. Beides ist dem heutigen
Menschen abhandengekommen. Getrimmt auf unent-
wegte Erwerbstätigkeit und erdrückt von den lebens-
pragmatischen Lasten des Alltags, fühlt er sich nicht mehr
in der Lage, sich seiner kreativen Gabe mit der nötigen
Aufmerksamkeit zuzuwenden. Weder gelingt es ihm, die
Art seiner kreativen Gabe ausfindig zu machen, noch
gelingt es ihm, die Energie aufzubringen, seine kreative
Gabe in einem Kunstwerk Wirklichkeit werden zu lassen.

Der von akademischen Fachkreisen erhobene Ein-
wand, dieses Problem sei nicht den gesellschaftlichen
Verhältnissen, sondern der menschlichen Lethargie
geschuldet, unterschätzt die globale Ökonomisierungs-
maschinerie, die erwerbsneutrale Tätigkeiten bereits im
Kelm zu ersticken trachtet. Als weiteres Handicap kommt
hinzu, dass heutzutage jedwede ernsthafte und damit
marktkonträre Kunstanstrengung mit dem Vorwurf
torpediert wird, sie sei zu nichts nütze, sie diene in keiner
Weise der Lebenstüchtigkeit. Der Vorwurf trübt den Blick
dafür, dass darin ihre Stärke liegt.

So gilt es, den gesellschaftlichen Stellenwert der Kunst zu rehabilitieren. Sie darf nicht mehr als ein kulturelles Anhängsel von gesellschaftlicher Entwicklung angesehen werden, sondern muss ihre zentrale Stellung innerhalb der Gesellschaft zurückerobern. Nur die Kunst öffnet den Raum für Kreativität im ursprünglichen Sinn des Wortes und für ein ideell-spekulatives Philosophieren, das, indem es sich mit ihr auseinandersetzt, sich mit den Grundfragen der menschlichen Existenz auseinandersetzt. Da der Kunst der reine Nutzwert fremd ist, vermag sie dem Menschen eine Selbstreflexion zurückzugeben, die ihm durch das allgegenwärtige Primat der technisch-ökonomischen Brauchbarkeit abhanden gekommen ist.

In der Kunst findet sich der Mensch wieder. Die Kunst ist die Wesensverwandte des Menschen.

JENSEITS
DER
ÖKONOMIE

FÜNFTE REDE

In der Ökonomie zollt der Mensch seiner physischen Existenz Tribut, nicht jedoch seiner geistigen. Seine physische Existenz fordert von ihm ein, für ihren Erhalt die materiellen Grundlagen sicherzustellen. Seine geistige Existenz fordert ihn dazu auf, sie durch einen Prozess der Selbstbildung Wirklichkeit werden zu lassen. Begreift der Mensch Einfordern als Auffordern, verkehrt er das Verhältnis seiner Existenz. Heutzutage ist festzustellen, dass diese Verkehrung vollends um sich gegriffen hat. Kein Bereich des menschlichen Daseins, der nicht vom Ökonomisch-Nützlichen dominiert wird. Die allgegenwärtige Ökonomisierung verengt die menschliche Vernunft zum Instrument materieller Grundlagensicherung und beraubt den Menschen dadurch der Fähigkeit, sich seine Zwecke ideell-spekulativ zu setzen.

Die Ökonomie ist ausschließlich ein Bestandteil der zweckrationalen Vernunft. Sie setzt keine Zwecke, sondern sie gibt die wirtschaftlichen Mechanismen an die Hand, Zwecksetzungen realisieren zu können. Wie nun müssen die wirtschaftlichen Mechanismen der Zweckrealisierung gesehen werden? Die alleinige Funktion dieser Mechanismen besteht darin, Produktion und Verteilung der materiellen Versorgungsgüter und der damit einhergehenden Dienstleistungen bestmöglich bereitzustellen und zu organisieren. Dieses ihr ureigenste Betätigungsfeld hat die Ökonomie jedoch mittlerweile weit hinter sich gelassen.

Einstmals angetreten als ein kluges, sparsames Haus-
wirtschaften ist sie zu einer alle Lebensbereiche durch-
dringenden Ideologie mutiert. Als notwendige Bedingung,
die physische Existenzgrundlage des Menschen zu gewährleisten, gerät jedwede Kritik an ihr zur Kritik am
Existenzrecht des Menschen. Dabei wird geflissentlich
ignoriert, dass heutzutage in den westlichen Gesellschaften Existenzrecht zu Wohlstandsrecht degeneriert
ist. Schlimmer noch: das eine wird zu Lasten des anderen
eingefordert.

Um diesen gesellschaftlichen Wirkungszusammenhang
analytisch näher zu beleuchten, sind zwei Perspektiven
hilfreich: die historische und die philosophische.

Die historische Perspektive
In frühgeschichtlichen Zeiten war der Mensch als Jäger
und Sammler unterwegs, um seine physische Existenz
zu sichern. Diese ökonomische Art der Existenzsicherung
verlangte nur wenige Dinge an Eigentum, in der Haupt-
sache Kleidung und Waffen.

Die Verhältnisse wandelten sich grundlegend, als der
Mensch ins Neolithikum eintrat. Als Landwirtschaft
betreibender Sesshafter rückten die Eigentumsverhältnisse für ihn nunmehr in den ökonomischen Mittelpunkt.
Im Altertum wurden die vorhandenen Verteilungsdefizite
durch hierarchische Gesellschaftsstrukturen festge-
schrieben und fanden im Lehnswesen des Mittelalters

eine kongeniale Fortführung.

Auch die Neuzeit brachte nicht den erwünschten Umschwung, im Gegenteil. Statt die gesellschaftlich etablierten Eigentumsverhältnisse aufzubrechen, legitimierte die Aufklärung Eigentum als Bestandteil eines durch Recht begründeten Staatswesens. Im Zuge der bald darauf einsetzenden und immer rascher um sich greifenden Industrialisierung wurden die Verteilungsdefizite somit nicht entschärft als vielmehr umgelagert: Der Ländereien besitzende Adelige wandelte sich zum Produktionsmittel besitzenden Unternehmer. Fortan bestimmten in immer stärkerem Maße Produktion und Konsumption das gesellschaftliche Geschehen. Gegenwärtig erfährt die Ökonomisierung der Lebensverhältnisse durch ihre rasant um sich greifende globale Ausdehnung nochmals einen exorbitanten Schub.

Die philosophische Perspektive
Während der Epoche der griechischen Klassik galt ökonomische Tätigkeit als Grundlage einer zu verwirklichenden geistig-philosophischen Existenz. Wenn auch aus heutiger Sicht zu bemängeln ist, dass diese nur einer überwiegend männlichen, bürgerlichen Elite vorbehalten war und auf Sklavenarbeit basierte, resultierte daraus doch eine eindeutige Wesensbestimmung des Menschen. Der Mensch galt vorrangig als geistiges Wesen und war dazu aufgerufen, sich dieser Vorrangigkeit durch einen

Prozess voranschreitender Selbstbildung würdig zu erweisen.

Zur Zeit des Mittelalters blieb die negative Reputation ökonomischer Tätigkeit nicht nur bestehen, sie erfuhr sogar noch eine Steigerung. Arbeit war nicht nur sekundär, sie galt nachgerade als Plage und musste hingenommen werden als erzieherischer Bestandteil einer geistige Orientierung bietenden göttlichen Weltordnung.

Die Neuzeit brachte den Wandel. Herausgerissen aus einem durch Gott verbürgten transzendenten Sinnzusammenhang, sah sich das moderne Subjekt mit sich selbst und seiner Endlichkeit konfrontiert. Diese existenzielle Identitätskrise versuchte es zu bewältigen, indem es die physische Grundsicherung seines Daseins zu dessen Ziel erhob. Das gebeutelte moderne Subjekt suchte von nun an Existenzsinn und Identitätsgewissheit in einer ausschließlich ökonomischen Vergegenständlichung, die es in Produktion und Tausch von Waren und Services zu erreichen trachtete. Der Mensch wurde zum homo oeconomicus.

Wie ist nun der heutige Stand der Dinge? Historisch und auch philosophisch betrachtet befinden wir uns in einer alles umfassenden Warentauschgesellschaft. Denn nicht nur Produkte, sondern ebenfalls Services nehmen, durch ihre Eigenschaft gehandelt werden zu können, einen Warencharakter an. Kein Bereich der menschlichen

Lebensgestaltung, der nicht den Aspekt der Ware aufweist, und in dem der Tausch das Sagen hat.

Die historische Perspektive hat als Klärungshilfe ihre Schuldigkeit getan und soll nun nicht weiter erörtert werden. Aber es gilt, die philosophische Perspektive schärfer ins Auge zu fassen. Um ihrer Präzisierung gerecht zu werden ist es angezeigt, das zentrale Bestimmungsmerkmal des ökonomischen Subjekts einer genaueren Analyse zuzuführen. Es ist die Frage zu stellen: Was zeichnet den homo oeconomicus im Kern aus?

Gemeinhin wird behauptet das Grundmerkmal des ökonomischen Subjekts sei sein durch egoistische Interessen bestimmtes rationales Agieren am Markt. Dabei wird jedoch verabsäumt diese Interessen genauer zu durchleuchten, um eventuelle Unterschiede zwischen ihnen herauszustellen. Tut man dies, so stellt man fest, dass die verschiedenen Interessen äußerlich zwar unterschiedlich auftreten, sich in einem Grundinteresse jedoch fokussieren lassen.

Das durch die Aufklärung von Gott emanzipierte Subjekt sah sich in eine Existenz geworfen, deren religiöse Fundamente zerbrochen waren und die es nunmehr säkular neu zu errichten hatte. Der für sein Seelenheil künftighin eigenverantwortliche Mensch ging, um dieses zu erlangen, von nun an den Weg der säkularen Selbstvergegenständlichung. Das Diesseits wurde zum Jenseits.

Dieses neue Jenseits war jedoch nicht nur seiner

transzendenten Bezogenheit auf Gott verlustig gegangen, mit ihrem Verlust hatte sich auch jedwede metaphysische Denkanstrengung erledigt. Warum sollte man sich mit Fragen auseinandersetzen, deren versuchte Beantwortung in unnütze, zeitraubende Spekulationen führte? Das elementare Bedürfnis des Menschen nach denkender Auseinandersetzung mit sich und der Welt wurde aufgelöst im Primat des Machens. Durch seine Vorherrschaft konnte nicht nur das physische Überleben auf hohem Niveau gesichert werden, sie wirkte auch jeglicher gefährlichen Lebensverunsicherung entgegen.

Doch welcherart war diese Lebensverunsicherung? Der mittelalterliche Gott hatte nicht nur transzendente und damit sinnstiftende Orientierung gegeben, er war auch Garant der Verbundenheit mit einer real existierenden Außenwelt und der eigenen Identitätsstabilität gewesen. Dann erschien die Aufklärung und beendete diese transzendent-religiöse Geborgenheit des Menschen.

Um dem Dilemma seiner modernen Verlorenheit zu entkommen, stürzte sich der Mensch in die Ökonomie, sein neues Jenseits. Sie ist sein nunmehriges Hauptaktionsfeld. Auf ihm ist er in betriebsamer Flucht vor der metaphysischen Auseinandersetzung mit seiner bedrohten geistigen Existenz. Namentlich auf ihm vollzieht sich seine Selbstvergegenständlichung, sowohl aktiv als auch passiv. Als aktiver Marktteilnehmer vergegenständlicht er sich in Form von Warenproduktion und Serviceleistungen, als passiver Marktteilnehmer erwirbt er Vergegenständlichung in Form von Waren und Services.

Es muss als Glanzleistung ökonomischer Ideologie betrachtet werden, dass sie das einstmals Transzendent-Religiöse als Säkular-Religiöses in den wirtschaftlichen Prozess integriert hat. Anders als die metaphysische Spekulation, deren subversive Wirkung ökonomischer Ideologie schon immer ein Dorn im Auge war und von ihr deshalb ausdrücklich ignoriert wurde, baute sie die säkularisierte Religion zum mentalen Stabilitätsfaktor ihres Tätigkeitsbereichs aus. Beruf mutierte zur Berufung.

Das heutige Säkular-Religiöse wird dem wirtschaftlichen Prozess angeheftet und den Menschen serviert als ein „Goody". Wer permanenten ökonomischen Fleiß an den Tag legt oder in Form von Waren erwirbt, kann sich seiner Segnung sicher sein. Arbeit wird verklärt zum Dienst an Gott.

Und noch einer weiteren Glanzleistung kann sich ökonomische Ideologie heutzutage rühmen: Es ist ein an allen Ecken und Enden hervor sprießender Kultureklektizismus. Allerorten greift die Tendenz um sich, das Besondere aus den verschiedenen Kulturen herauszupicken und es gegen das Standardisierte auszuspielen. Waren und Services werden aufgeladen mit dem Versprechen des Unvergleichlichen – und damit hochstilisiert zum Merkmal kultureller Besonderheit. Dabei verkennt der aufs Singuläre erpichte Marktteilnehmer Einzigartiges als Besonderes. Das Besondere ist angewiesen auf die Zustimmung anderer, das Einzigartige ist sich selbst genug. Der Angewiesenheit auf Zustimmung kann sich kein Mitglied einer auch noch so kleinen kulturellen „Peer-group" entziehen. Damit gerät jegliche Besonderheit der eigenen Lebensgestaltung zum Gruppenstandard. Besonderheit wird als Auftrag zur Norm.

Es lässt sich resümieren: Das existenzielle Verhältnis zur Ware, ob als quasi kulturelle oder quasi religiöse Eigendefinition, erweist sich als zentrales Bestimmungsmerkmal des homo oeconomicus.

Welche Wirtschaftsform entspricht nun dem existenziell-ökonomischen Vergegenständlichungsbestreben des heutigen Menschen am ehesten? Wir wollen zu diesem Zweck zwei wirtschaftliche Systeme einander gegenüberstellen: die Bedarfswirtschaft, auch zu bezeichnen als Subsistenzwirtschaft, und die Erwerbswirtschaft, auch zu bezeichnen als Profitwirtschaft.

Die Bedarfswirtschaft

Im Bedarf manifestieren sich die Bedürfnisse des Menschen. Diese lassen sich unterscheiden in Grundbedürfnisse und über diese hinausgehende Wohlstandsbedürfnisse und deren Pervertierung in Luxusbedürfnissen. Kennzeichnend für die Grundbedürfnisse ist ihre physisch-materielle Notwendigkeit. Ohne ihre Befriedigung ist der Mensch nicht überlebensfähig. Beachtenswert ist der Übergang von Grundbedürfnissen zu Wohlstandsbedürfnissen. Um ihn zu erfassen ist es angebracht, die Lebensweise indigener, vorwiegend agrarbasierter Wirtschaftsgemeinschaften in den Blick zu nehmen. Dabei stellt sich heraus: die gesicherte und ausreichende Befriedigung der Grundbedürfnisse ist diesen Gemeinschaften Wohlstand genug. Weder verspüren sie den Drang zu exorbitanter materieller Warenanhäufung, noch den Drang zu schrankenloser Mobilität. Diese beiden Hauptbestandteile westlicher Wohlstandsausstattung sind ihnen nicht erstrebenswert. Woraus resultiert nun diese Bedürfnisbegrenzung indigener Gemeinschaften?

Als ein wichtiger Erklärungsgrund kann ihre immer noch weitgehende Abgeschiedenheit vom Weltmarkt gelten. Aber der sicherlich den Ausschlag gebende Erklärungsgrund ist die transzendent-religiöse Bezogenheit, die diesen indigenen Gemeinschaften noch eigen ist, und die sie gegen die Konsumverführungen der westlichen Industrienationen immun macht.

Doch beginnen beide Abwehrmechanismen erste Risse zu bekommen. Das liegt einerseits daran, dass der Ressourcenhunger der Industrienationen vor ihren Landesgrenzen nicht halt macht und anderseits daran, dass auch der indigen-religiöse Mensch gegen die Konsumverführungen der westlichen Warenwelt auf die Dauer nicht gefeit ist. Das Schleichende der ökonomischen Okkupation entpuppt sich als ihre Gefährlichkeit.

Die Erwerbswirtschaft

Gemeinhin kommt die heute weltweit dominierende Wirtschaftsform daher als wettbewerbsorientierte Marktwirtschaft. Der Erwerb von Gewinn ist dabei die treibende Kraft, im andauernden ökonomischen Wettstreit immer wieder als Sieger hervorzugehen. Das Waffenarsenal bleibt dabei auf die so genannten Innovationen und deren aggressive Anpreisung beschränkt. Allein derjenige, der andauernd neue Produkteinfälle suggeriert, trägt als Trophäe den Profit von dannen.

Doch wer herrscht in der Marktwirtschaft? Die Frage ist anders zu stellen. Was herrscht in ihr? Antwort: das kapitalistische System. Selbst die rücksichtslosesten vorantreibenden Kapitalakteure sind sein Opfer. Denn sein Movens sind nicht sie, sondern sein ihm inhärentes Akkumulationsbestreben. Produktionssteigerung ist der Steigbügelhalter der ungebremsten Kapitalanhäufung. Sie ist lediglich das Mittel zum Zweck. Produkte dienen nicht der Befriedigung von Bedürfnissen, sondern sind heruntergekommen zu Transporteuren in der Kapitalakkumulation.

Doch Warenproduktion ermöglicht heutzutage keine signifikante Kapitalakkumulation mehr. Deshalb hat sich ein ganzer Wirtschaftszweig darauf spezialisiert, sie durch Finanzproduktion zu ersetzen. Nichtsdestoweniger muss das durch Geld vermehrte Geld in Waren getauscht werden können. Übersteigt nun die vorhandene Geldmenge die vorhandene Warenmenge um ein vielfaches, droht ein Zusammenbruch des wirtschaftlichen Kreislaufs. Um diesen abzuwenden sehen sich die Nationalstaaten gezwungen, einzuschreiten. Das erweist sich als immer schwieriger, da die weltweiten finanzkapitalistischen Mechanismen die Korrektureingriffe der nationalen Regierungen vehement zu verhindern suchen. Dies aus gutem Grund: denn ist die Akkumulation Movens des Kapitalismus, so ist die Transformation sein Prinzip. Ressourcen werden unter Zuhilfenahme von Produktion von Waren und deren Verteilung in Geld umgewandelt. Ein Teil des Geldes fließt als Reinvestition in den Wirtschaftskreislauf zurück, der andere Teil wird angehäuft. Die Kapitalakkumulation kann dann als abgeschlossen gelten, wenn die weltweiten Ressourcen vollständig in Geld transformiert worden sind.

Geld spielt im erwerbswirtschaftlichen Prozess aber noch eine weitere entscheidende Rolle. Es ist nicht nur Endprodukt des kapitalistischen Transformationsprinzips, sondern es dient auch als Korrelat für Waren. Da Geld selbst nicht konsumiert werden kann, stellt es lediglich die Abstraktion von Produkten und Services dar. Es garantiert deren wechselseitigen Tausch. Heutzutage hat die Finanzwirtschaft jedoch Geld zum Produkt umfunktioniert. Geld wird gehandelt als Ware. Diese

Umfunktionierung des Geldes ist, abgesehen davon, dass sie eine permanente Inflationsgefahr darstellt, für eine verhängnisvolle Entwicklung verantwortlich. Denn durch seinen Warencharakter erfährt Geld einen derart enormen Bedeutungszuwachs, dass es mittlerweile als Versprechen eines säkular transzendierten Lebens gilt. Es repräsentiert die von konkreten Waren abstrahierte „Ware an sich". Sie verspricht ein niemals zu erreichendes und deshalb auch unermüdlich anzustrebendes Waren- paradies. Dort wäre die Vergegenständlichung des Menschen sowohl in der Produktion als auch in der Kon- sumption auf ideale Weise erfüllt. Dass dem niemals sein wird, schreckt den homo oeconomicus nicht. Im Gegen- teil, es ist ihm immerwährender Antrieb.

Was sind nun die Konsequenzen der Erwerbswirtschaft? Durch die fortwährende kapitalistische Transformation wird die Erde als Lebensraum des Menschen ruiniert. Aber nicht nur der Lebensraum des Menschen, sondern auch er selbst wird ruiniert. Denn der auf andauernde Vergegenständlichung angewiesene moderne Mensch geht mit dem monetären Transformationsprinzip des Kapitalismus eine unheilige Allianz ein. Er wird zu seinem willfährigen Erfüllungsgehilfen. In vermeintlicher Eigen- initiative übernimmt er für den Kapitalismus die Handlan- gerarbeit, Ressourcen in Form von Geld zu virtualisieren.

Das in Entzweiung und Fragmentierung gefangene

moderne Subjekt trachtet seinem Kerkerdasein zu entkommen, indem es versucht, sich in der ökonomischen Vergegenständlichung ein permanentes Widerspiegeln zu verschaffen. Sie soll ihm Identität und Selbstvergewisserung garantieren. Doch die Rechnung geht nicht auf. Die vom Kapitalismus bereitgestellte Vergegenständlichung erweist sich als austauschbar. Dadurch wird das Je-Seinige des Individuums entsubstanziiert. Auch das Individuum wird austauschbar, es verkommt zum Tauschobjekt in der allgegenwärtigen Warenwelt.

Dass dem so ist, bremst den Tätigkeitsdrang des homo oeconomicus jedoch nicht. Zeugnis davon legen die riesigen weltweiten Vermögensansammlungen ab. Deren unaufhörliche Steigerung ins Immer-Noch-Riesenhaftere lässt sich durch die Luxus- oder Machtgelüste ihrer Eigentümer nicht erklären. Vielmehr manifestiert sich in ihnen das Bestreben nach potentiell unendlicher Vergegenständlichung. Denn Luxus und Macht bedeuten ein Sich-Vergegenständlichen durch das Andere und den Anderen. Sowohl das Luxusgut als auch der wirtschaftliche Befehlsempfänger scheinen das angestrebte Sich-Vergegenständlichen zu garantieren. Eine perfekte Täuschung.

Denn zum Mittel degradiert, spiegeln das Andere und der Andere auch nur diese ihre Funktion als Mittel wider. Luxusgut und Befehlsgewalt gewähren einzig und allein funktionelle Anerkennung, nicht jedoch substanzielle.

Substanzielle Anerkennung kann nicht beansprucht, sondern nur gewährt werden.

Der um Eigendefinition bemühte Wirtschaftsmensch erliegt aber einer noch weiteren Täuschung. Die von ihm angestrebte Freiheit erweist sich als formalisiert. Denn sowohl die Herstellung von Produkten und Services als auch deren Konsumption demonstriert eine Wahl zwischen Gleichem. Im Tausch am Markt wird Vergleichbares zu Gleichem. Einzig und allein die Wahlmöglichkeit zählt. Wodurch sie begründet wird, ist einerlei. Damit kommt die Frage nach Inhalt und Substanzialität unter die Räder. Wer sie stellt, gerät unter Ideologieverdacht. Doch ein Kritisieren, das die Substanzfrage als grundsätzlich ideologiebehaftet brandmarkt, verfällt seiner eigenen Kritik.

Wer sich allein mit seiner Wahlfreiheit begnügt und nicht darauf achtet, worauf er mit seiner Wahl zielt, wählt zwar, entscheidet sich jedoch nicht für das Gewählte. Denn seine Wahl hätte ja ebenso gut auf etwas anderes fallen können. Um seiner Freiheitlichkeit jedoch gerecht zu werden, darf der freiheitliche Akt sich nicht selbst genügen, sondern muss auf einen Inhalt gerichtet sein.

Wo aber die substanzielle Entscheidung fehlt, fehlt auch die substanzielle Anerkennung. Sich-Vergegenständlichen durch beliebig Gewähltes weist immer eine Form der Herrschaft über das Gewählte auf und verwirkt dadurch die substanzielle Anerkennung durch das Gewählte und durch die Anderen.

Die Ökonomisierung des menschlichen Lebens hat globale Ausmaße angenommen. Keiner seiner Bereiche, der nicht dem Diktat des wirtschaftlichen Handelns unterworfen wäre. Damit wird eingeebnet, was dem menschlichen Dasein seine sinnstiftende Dimension verleiht. Nur wenn der Mensch erkennt, dass seine wahrhaft geistige Existenz jenseits ihrer materiellen Grundlagen beginnt, ist ihm Aussicht auf Hoffnung gegeben.